我的第一本科普入门书系列

现代民航百科

（图解导读版）

U0274987

《深度文化》编委会　编著

清华大学出版社
北京

内 容 简 介

本书是介绍民用航空知识的科普图书。全书共 7 章，以问答的形式分别介绍了飞机结构、动力系统、起降设施、电子设备、飞机运行和飞机飞行时的常见问题等内容，帮助读者循序渐进地了解并掌握民航的相关知识。除了介绍民航知识本身，本书还对与之相关的知识体系，例如民用机场设施、航空管制等内容进行了详细分析与说明，能够全面提升读者对民航的认知水平。全书结构清晰，分章合理，排列有序，主次分明，不同层次的民航爱好者均能从中获益。

本书定位于想要学习民航入门知识的青少年读者，同时也适合民用航空知识丰富的资深爱好者阅读和收藏，还可以作为民航相关专业学生的课外参考用书。

图书在版编目（CIP）数据

现代民航百科：图解导读版 /《深度文化》编委会编著 . —北京：清华大学出版社，2023.6（2024.11重印）

（我的第一本科普入门书系列）

ISBN 978-7-302-63786-8

Ⅰ . ①现… Ⅱ . ①深… Ⅲ . ①民用航空—青少年读物 Ⅳ . ① F56-49

中国国家版本馆 CIP 数据核字（2023）第 101416 号

责任编辑：李玉萍
封面设计：王晓武
责任校对：张彦彬
责任印制：丛怀宇

出版发行：清华大学出版社

网　　　址：https://www.tup.com.cn，https://www.wqxuetang.com
地　　　址：北京清华大学学研大厦 A 座　　　邮　　编：100084
社 总 机：010-83470000　　　邮　　购：010-62786544
投稿与读者服务：010-62776969，c-service@tup.tsinghua.edu.cn
质 量 反 馈：010-62772015，zhiliang@tup.tsinghua.edu.cn

印 装 者：涿州汇美亿浓印刷有限公司
经　　销：全国新华书店
开　　本：146mm×210mm　　印　张：8.5　　字　数：272 千字
版　　次：2023 年 8 月第 1 版　　印　次：2024 年 11 月第 3 次印刷
定　　价：59.80 元

产品编号：096045-01

前　言

　　二战结束以来，民航的发展骤然提速，其主要雇用前军事飞行员来运输人员和货物。生产轰炸机的工厂很快就参与了道格拉斯 DC-4 等客机的生产。随着世界各地军用机场建造数量的增加，无论是用于战斗还是训练的技术都可以很容易地转为民航用途。

　　自 20 世纪 50 年代以来，民航的服务范围不断扩大，成为一个国家的重要经济部门。民航的发展主要表现在客货运输量的迅速增长，定期航线密布于世界各大洲。由于快速、安全、舒适和不受地形限制等一系列优点，民航在交通运输结构中占有独特的地位，它促进了国内和国际贸易、旅游以及各种交往活动的发展，使得在短期内开发边远地区成为可能。

　　经过近一个世纪的发展，民航在速度和运输能力两个方面都有非

常大的进步。作为民航运输的承载者，飞机自身也经历了长时间的发展演变和多次技术革命，不断引入航空科学技术的最新成果，并不断适应世界航空运输业发展变化的需求。

本书是介绍民航知识的科普图书，书中有150余个精心挑选的热点问题，从飞机结构、动力系统、起降设施、电子设备、飞机运行、飞机飞行等多个角度切入，对民航进行了全方位的解读与说明。全书文字通俗易懂，并加入了大量示意图、实物图和表格，符合各个年龄层次的民航爱好者的阅读需求。通过阅读本书，读者会对民航有一个全新的认识。

本书由《深度文化》编委会创作，参与编写的人员有丁念阳、阳晓瑜、陈利华、高丽秋、龚川、何海涛、贺强、胡姝婷、黄启华、黎安芝、黎琪、黎绍文、卢刚、罗于华等。对于广大的资深航空好者，以及有意了解飞机知识的青少年来说，本书不失为极有价值的科普读物。希望读者朋友能够通过阅读本书，循序渐进地提高自己的国防素养。

本书赠送的阅读资源均以二维码形式提供，读者可以使用手机扫描下面的二维码下载并观看。

目 录

第3章　动力系统篇 79

第6章　运行篇 184

第7章 飞 行 篇 227

第 1 章
基 础 篇

　　民用航空是指除军事、公务(例如警务、海关)用途以外的航空服务，包括私人或商业性质的飞行。自从飞机被发明以后，其日益成为现代文明不可缺少的工具。它深刻地改变和影响了人们的生活，开启了人们征服蓝天的历史。

→ 概述

　　最早助力人类实现升空梦想的物体是气球。气球是在气囊中装入比空气轻的氢气或热空气，利用其浮力升空的。它在空气中飘浮如同船在水上漂浮一样，但气球不能控制自己的运动方向，因此无法作为运输工具。随后人们在气球上加装了动力、螺旋桨和方向舵，气球的飞行方向就可以被控制了，于是就发展出了飞艇。从20世纪初直至20世纪30年代，飞艇曾一度是航空运输的主力。1936年德国制造的"兴登堡"号飞艇长245米，重204吨，可载75名乘客，以130千米/小时的速度做横跨大西洋的飞行。但是由于飞艇的飞行阻力大，其飞行速度仅在200千米/时以内。更不幸

的是在1937年大型飞艇接连出现数起起火事故。相比而言，同一时期，飞机的性能迅速提高，于是飞艇就被淘汰出航空运输领域。现在的飞艇只限于在空中巡逻、摄影或广告中使用。

"登空者10号"民用飞艇

　　直升机是另一类主要的航空器。伟大的意大利艺术家、科学家达·芬奇在竹蜻蜓的启示下于1483年就设想过用旋翼制造航空器，他甚至画出了草图，但最终并未实现。由于现代直升机的操作结构非常复杂，所以一直等到飞

美国加利福尼亚州圣地亚哥热气球节

机问世 30 多年之后，世界上第一架直升机才升空。直升机可以垂直起飞降落，不需要很大场地，而且还可以在空中悬停。由于直升机的这种性能，现在它广泛地被应用于诸如救险、海上石油开采、农林业及军事等各个方面。与飞机相比，直升机的结构更复杂，耗油率更高，飞行速度也较慢，因此只活跃于一些特定的领域内。

从以上几种航空器的比较来看，它们在实际使用中都不尽如人意。后来居上的飞机在各种性能方面远超前者，因此获得突飞猛进的发展，到了 20 世纪 40 年代以后，飞机就理所当然地成了航空器中的主角。飞机的使用数量占世界各类航空器总数的 97% 以上，并且这个比例仍在不断增高，据报道，目前已超过 99%，其他的航空器合到一起占的比例数还不足 1%。

城市上空飞行的贝尔 206 直升机

空客 A380 民航客机前侧方视角

→ 什么是空中走廊

空中走廊，是在两点连线的两侧各有 4 ～ 5 千米宽度的空中飞行通道，供飞机在走廊内实施点与点之间的飞行。设置空中走廊的目的，是使飞机严格按照走廊的范围进行飞行，避免飞机进入走廊之外的限制区域。空中走廊主要用于飞机进出大、中城市机场所用。

空中走廊的走向，通常以机场跑道一端的远距导航台和走廊外口导航台为基准。如果受条件限制，其宽度可以缩减，但不得小于8千米。对空中走廊的管理一般交由交通管制单位来实施，即塔台空中交通管制室、空中交通服务报告室、进近管制室（终端管制室）、区域管制室（区域管制中心）、民航地区管理局调度室、民航局空中交通管理局总调度室。

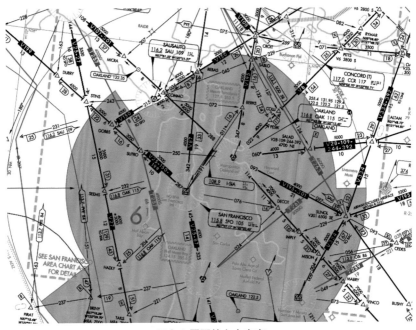

旧金山周围的空中走廊

历史上，空中走廊经常被施加军事或外交方面的要求。例如，在冷战时期，往返于西德和东德的航班，必须在空中走廊内保持在指定的位置上，否则就有被击落的危险。而现在设置空中走廊的目的，则是为了加强飞行管制，维护飞行秩序，保障飞行安全。

如今，在飞行活动频繁的大、中城市及其附近地区上空，可以根据需要划定空中走廊，并明确规定走廊的走向、宽度以及高度上限等。民航科技或直升机如果想要在设置空中走廊的机场上降落，就不能随意飞越城市上空，且必须严格按照相关规定和要求来飞行，先飞向指定的地点（即走廊口），再服从管制安排，听从指挥，保持规定的航线和高度，严防偏离走廊的情况出现。

里约热内卢加利昂国际机场上停放的飞机

美国肯尼迪国际机场

→ 什么是通用航空

通用航空是指除军事、警务、海关缉私飞行和公共航空运输飞行以外的民用航空活动。其所使用的飞行器包括滑翔机、动力伞以及喷气式飞机。而全球大部分的机场也均设有专为通用航空服务的区域。

通用航空涵盖了广泛的业务范围，既有商业性的也有非商业性的，包括飞行俱乐部、飞行训练、农业航空、轻型飞机制造及维护等。

大多数国家都由各自的民用航空局负责监管通用航空的飞行，并遵从国际民航组织的标准化代码，例如，统筹美国空域内所有非军事航空活动的美国联邦航空管理局等。

通用航空的事故率也有相关机构统计。根据美国国家运输安全委员会的数据，2005 年美国的通用航空平均每飞行 10 万小时即有 1.31 起致命事故，较定期航班的 0.016 起要高。在加拿大，每 1000 架飞机的致命事故中即有 0.7 架为休闲飞行；同时空中的士则是每 10 万小时的飞行中有 1.1 起致命事故。

捷克切布机场的通用航空飞机

通用航空在美国除了公务机的商务飞行外，主要有应急服务，如救火、空中救护、测量和制图、执法、

赫尔辛基－马尔米机场的通用航空飞机

运输邮件和刊物、油气管线巡查和勘探、环境保护等有商业价值的飞行。另外，亦有体育、旅行、观光、训练等休闲性飞行活动。由于多年来美国通用航空的全面蓬勃发展，因此吸引了许多爱好飞行的人士领取飞行执照。这给商业航空提供了飞行员来源的保障。

什么是代码共享航班

代码共享是指一家航空公司的航班号（即代码）可以用在另一家航空公司的航班上。同一个航班中，销售航空公司可以多于一个，航班的第一个编号通常是负责承运的航空公司，后面的编号则是销售航空公司。代码共享最初起源于 20 世纪 70 年代的美国，后来迅速成为全球航空运输业内最流行的合作方式。

对航空公司而言，通过代码共享合作，可以提高航空公司的航班客座率，加大航班密度，提高航空公司的飞机利用率，为航空公司带来更高的经济效益。同时，在开展代码共享合作过程中，合作各方可以实现航班时刻、航线等资源的互补共享，增强合作双方的竞争优势。总体来说，代码共享不仅可以让航空公司在不投入成本的情况下完善航线网络，提高市场份额，而且打破了某些相对封闭的航空市场的壁垒。

对于乘客来说，也可以享受到代码共享合作带来的诸多好处。例如，可以有更多的航班和时刻选择，可以享受一体化的中转服务、优惠的机票、共享的休息室等。

代码共享的安排原意是令航空公司在一些自己没有航线的地方可以为合作的航空公司 / 联盟航空公司提供航班的支援，有长途的，也有短途的转机或者接驳服务，理论上对于乘客来说影响不会太大，但是在这种代码共享的背后也存在着一些隐忧。例如，英国航空会和一些航空公司代码共享安排航班，不过有外国的乘客分享搭乘英航的代码共享航班是美国航空公司，在航班取消后，英国航空不会为此负责，

华沙肖邦机场的代码共享航班信息表

由于美国航空公司并不在欧盟法律的管制之下，所以美国航空的赔偿金额远比英国航空的要低，最后这些乘客需要自费再次购买机票。对于这些代码共享的航班，尤其是不同的航空公司对于航班延误以及取消还有改签的赔偿政策都会不同，所以在选择航班的时候一定要清楚所购买的航班是实际承运的航空公司，还是仅代码共享的出票航空公司。

乘客查看航班信息

→ 民用飞机有哪些类型

作为民航运输的承载者，民用飞机自身经历了长时间的发展演变和多次技术革命，其不断引入航空科学技术的最新成果，并不断适应世界航空运输业发展变化的需求。现代民用飞机有以下几种分类。

按飞机的用途划分：有民用航空飞机和国家航空飞机之分。国家航空飞机是指军队、警察和海关等使用的飞机；民用航空飞机主要是指民用飞机和直升机。民用飞机可分为三种。一是全客机，主舱载人，下舱载货；二是全货机，主舱及下舱全部载货；三是客货混用机，在主舱前部设有乘客座椅，后部可装载货物，下舱内也可以装载货物。

按飞机的构造划分：按机翼的数量可以将飞机分为单翼机、双翼机和多翼机；单翼机还可细分为上单翼机、中单翼机和下

停放在小型机场的塞斯纳208通用飞机

单翼机。按机翼平面形状，飞机可分为平直翼飞机、梯形翼飞机、后掠翼飞机、三角翼飞机、变后掠翼飞机、前掠翼飞机、飞翼式飞机。按尾翼布局形式，飞机可分为正常尾翼飞机和鸭式飞机。尾翼飞机按垂直尾翼的数量，还可分为单立尾飞机、双立尾飞机、"V"形尾飞机、三立尾飞机和无尾飞机。根据起落架滑行方式的不同，飞机可分为轮式起落架飞机、滑橇式起落架飞机和浮筒式飞机。

按飞机的发动机划分：有螺旋桨飞机和喷气式飞机之分。螺旋桨飞机，包括活塞螺旋桨式飞机和涡轮螺旋桨式飞机。活塞螺旋桨式飞机，利用螺旋桨的转动将空气向后推动，借其反作用力推动飞机前进。喷气式飞机，包括涡轮喷气式飞机和涡轮风扇喷气式飞机。按飞机的发动机数量划分有单发（动机）飞机、双发（动机）飞机、三发（动机）飞机、四发（动机）飞机之分。按发动机安装的位置可分为机身内式发动机飞机、翼内式发动机飞机、翼上式发动机飞机、翼下式发动机飞机、翼吊式发动机飞机和尾吊式发动机飞机。

按飞机的飞行速度划分：有亚音速飞机和超音速飞机之分，亚音速飞机又分低速飞机和高亚音速飞机。多数喷气式飞机为高亚音速飞机。超音速飞机是指飞机速度超过音速的飞机。民用超音速飞机的代表为法国研制的"协和"超音速飞机。它可爬升到距地面 15 000 ～ 18 000 米的高空，以 2180 千米 / 时的速度巡航，不间断飞行距离为 6230 千米。

A300-600ST 货机准备起飞

停放在跑道上的贝尔 -206 轻型直升机

按飞机的航程远近有远程飞机、中程飞机、近程飞机之分。远程飞机的航程为 11 000 千米左右，可以完成中途不着陆的洲际跨洋飞行；中程飞机的航程为 3000 千米左右；近程飞机的航程一般小于 1000 千米。近程飞机一般用于支线，因此又称支线飞机。中、远程飞机一般用于国内干线和国际航线，又称干线飞机。

按飞机机身的宽窄划分：可以分为窄体飞机和宽体飞机。窄体飞机一般指飞机机身直径为 3～4 米的飞机。机舱一排一般有 2～6 个座位和 1 条走道。航程不允许进行跨大西洋或者洲际航线飞行的窄体客机通常被称为支线客机。宽体式飞机通常有多个舱等，外直径为 5～6 米，并且有 2 条走道，通常一排能够容纳 7～10 个座位。

按飞机最大起飞重量划分：5700 千克以下为小型飞机，用于通用航空（包括一些 20 人以下的载客飞机）；5700 千克以上为大型飞机，用于运输经营。

按飞机尾流间隔划分：飞机分为重型（最大起飞重量在 136 000 千克及以上）、中型（最大起飞重量在 7000 千克及以上，136 000 千克以下）和轻型（最大起飞重量在 7000 千克以下）三类。

民航飞机的使用寿命是多少年

对于现代出行方式来说，飞机的快速性和便利性显得尤为突出。不过任何交通工具都是有使用寿命的，不管是公交车、汽车、火车还是飞机，它们都只是机器，而机器过了使用寿命就会被淘汰。

衡量飞机使用寿命的指标不单单是使用时间，还有另外两个重要指标，一个是飞行小时寿命，另一个是飞行起落循环寿命。大部分民航客机的飞行小时寿命在 6

空客 A320 民航客机正面视角

万小时，某些机型会达到 8 万小时。而民航客机的 1 个起降为 1 个循环，通常也能达到 6 万个起降循环。为了保证飞机的运营安全，通常情况下以三个指标为准。

　　飞机的保养能够适当延长飞机的使用寿命。工程师在研制飞机的时候通常会考虑到防腐蚀等方面的设计。机务在保养客机方面也需要进行多个步骤，包括防水、除锈、补漆、通风等工序。他们会对早期的腐蚀性问题及时采取应对措施，将腐蚀带来的危害降至最低。而在大修的过程中，会对飞机进行全面的检查。由于飞机运行过程中总会进行各种各样的结构修理，制造商也要对这些修理进行多次检查，研究其是否存在潜在风险扩大或飞机性能下降的可能。这些特殊的检查要求同样被加入特殊检查的大纲内。

　　一架客机的退役通常不是不能飞了，而是出于舒适性、经济性方面的因素而退役。此时就会通过客改货项目，将民航客机改装成货运飞机再继续使用。最后即使是老旧的废弃飞机也能通过回收和拆解，继续发挥余热。有超过九成的航空材料经过检测和修复后能够重返航材市场。

高空飞行的空客 A380 民航客机

飞行中的波音 747 民航客机

→ 飞机航线有哪几种类型

飞机飞行的路线称为空中交通线，简称航线。飞机的航线不仅确定了飞机飞行的具体方向、起讫点和经停点，而且还根据空中交通管制的需要，规定了航线的宽度和飞行高度，以维护空中交通秩序，保障飞行安全。空中航线一般分为国内航线、国际航线和等待航线。

国内航线

国内航线是民用航空的一种航行方式，是指同一国家内不同城市间的飞行航线。不少国内航线是不经停航班，尤其是国土面积较小国家的国内航线，不过也有例外。一般而言，国内航线会比国际航线便宜，不过因为不同国家城市间距离的不同，也有可能会出现国际航线比国内航线要便宜的情形。

国际航线

国际航线是指民用航空领域里的一种商业航班，这种航班的始发与到达在两个不同的国家之内。当航线上两个国家处于不同大洲时，此航线又被称为"洲际航线"；当航线需要跨越大洋时，此航线又被称为"跨洋航线"。国际航线与国内航线的区别是乘客在登上国际航班前，需要办理出境手续。在到达时，则需要办理入境手续并接受到达国海关查验所携物品。当出发国与到达国同属一个自由旅行区域时，则不需要办理出入境手续。

用于国际航线的空客 A380 民航客机

等待航线

等待航线指使飞机在一个规定的空域内进行盘旋等待，通常用来缓解出于各种原因导致飞机不能够着陆的交通压力，例如，机场过于繁忙、天气不允许着陆或者跑道暂时不可用等情况。一架飞机可以在不同的地方执行多个等待航线，这种情况在机场运行繁忙、跑道不可用时尤为明显。飞机在执行等待航线时会有速度限制，这个速度保证飞机在执行等待航线时不会进入禁飞区或者其他无法进入的空域。

民航客机在天空飞过的痕迹

飞机是怎么进行清洗的

自从民用航空诞生以来，干净且维护良好的飞机就是每家成功航空公司的名片。飞机在飞行和停放期间，由于受到来自大气、地面、燃料废气等方面的污染，外表面及其部件上不可避免地会沉积烟雾、灰尘、油污、积碳、氧化物和橡胶等污染物。这些沉积污染物不仅影响飞机的外观，而且使其表面光洁度降低，摩擦阻力增大，更为严重的是这些地方往往会成为腐蚀的诱发因素，导致局部腐蚀，如点蚀、缝隙腐蚀等。因此，飞机外表清洗工作是飞机维修保养的重要环节。飞机清洗作为一种日常维护措施，对于保障飞机的正常飞行、延长飞机结构寿命起到了非常重要的作用。

飞机的清洗工作一般是在航后，即一天航班结束时。机务完成航后检查确认飞机一切正常后对飞机断电，关闭飞机各舱门后离开飞机。

人工是清洗飞机的主力。虽然是人工清洗，却也分为"干洗"和"水洗"两种。顾名思义，干洗用的水少，水洗用的水多。水洗是在干洗发明前主要的清洗飞机的方式，不少机场都会安装带水泵的停机位，用于飞机的清洗工作。不管是干洗还是水洗，在清洗之前飞机机轮、传感器和发动机通常会用一个保护用的袋子罩住，然后才可以开始清洗工作。

一般来说，工作人员会先将清洁剂涂抹在飞机上，等待一段时间后，再用洗机杆和刷子刷，这时候还会用水冲。部分机场也会选择用洗机车代替人工。等洗干净后，飞机会被干净的毛巾擦干，并送去打蜡。

干洗相对于水洗来说更省时省力。虽然从流程上来说和水洗比较类似，也是上清洁剂，再擦干。但干洗使用的清洁剂是可高度降解的专业清洁剂，与水混合后，涂抹到飞机机身上，等过了一定时间后，擦干就可以了。由于没有用大量水冲洗，干洗降低了水进入空速管等传感器的可能性。而且，少了刷子刷，飞机的漆面受损伤的可能性也降低了。同时，这种清洁剂也自带打蜡功能，不用在清洗结束后进行二次打蜡。

工作人员对飞机轮胎进行清洗

飞机正在进行人工清洗

机身顶部进行清洁

飞机与汽车哪个更安全

当今社会最主要的出行方式有汽车、高铁以及飞机等，效率最高的当然是飞机。但是由于飞机在天上飞，大多数人对其有一定的怀疑——飞机比汽车还安全吗？当飞机和铁路逐渐走进大众视野后，并不代表公路就会被淘汰，反而公路上的汽车越来越多。从性价比上比较的话，汽车无疑是最容易令人接受的，虽然速度上难以和飞机一较高下，但却是人们出行中最常见的一种交通方式。伴随着世界人口的不断增加，汽车出行量也是不断攀升，这也就为出行安全埋下了一定的隐患。世界各国交通行政机构在汇总了全部数据后按照各种现有的运输形式进行分类分析。即每种交通方式每年输送了多少人，运行了多少千米，以每 1 亿人中有多少人受伤、多少人死亡为标准来进行比较，所得出的结论与一般人的认知大相径庭，那就是：航空运输是各类运输中最安全的。

各种统计数字表明：20 世纪 50 年代以前，航空运输的安全性不如火车和水运。自 20 世纪 70 年代以后，航空技术飞速发展，航空营运实行严格的科学管理，于是航空事故大大减少，以致航空运输成为了

波音 747 民航客机前侧方视角

所有主要运输方式中最安全的一种。根据 1978 年全世界统计结果：公路运输中，每 1 亿人千米死亡人数为 0.40；水路运输为 0.20；铁路运输为 0.08；航空为 0.04。随着航空客运量不断增长，这个数据还将继续下降。进入 20 世纪 90 年代后，该数据已降至 0.02。

飞机在空中飞行与其他地面交通工具相比确实存在一些不安全因素，但多年来，科学家及无数航空从业人员兢兢业业不懈追求，对每一个飞机零部件的设计维修、飞行过程中的每一个操纵环节、营运管理上

的每一步细节无不周密设计与严格管理。现在的飞行安全仍然是航空运输业各项任务的重中之重。但是现有的数据表明，飞机确实是目前地球上最为安全的交通方式。

乘客准备登机

柏林勃兰登堡机场

→ 飞机是否体积越大越安全

　　人们在坐飞机时往往愿意选择大飞机来乘坐，因为坐小飞机时时常会有颠簸，让人感到并不安全。那么事实是否真的如此呢？

　　实际上，飞机大小所影响的主要是舒适性而非安全性。对于不同的机型而言，各个阶段的操作程序和其相对的外界环境都是没有差别的。主要区别在于飞机大小导致它们受到气流扰动的程度有所不同，在巡航阶段，无论是波音 737 和空客 320 那样的单通道喷气式客机还是波音 777 或者空客 330 那样的宽体客机，都是在 1 万米以上的平流层飞行，平稳程度不会有太大差异。而在起飞和降落阶段，飞机穿越对流层时会有颠簸，此时大飞机会比小飞机显得更平稳。

对于一些小型螺旋桨客机，它们的飞行高度通常不会高于 9000 米，大部分时间都是在对流层飞行，受到空气扰动也更大，颠簸更剧烈，颠簸时间也更久。但是，所有民用飞机在投入运营前都进行过严格测试，以确保气流扰动不会危及其飞行安全。

空客 A320 前侧方视角

目前，全球有美国适航当局标准、欧洲适航当局标准两大适航标准。适航标准可以说是一条最低安全保障线，随着时代发展，最低安全标准也在不断提高。

高空飞行的猎鹰 7X 公务机

支线飞机在设计、研发、生产质量保证等方面与干线飞机采用上述同样的标准，两者的稳定性、安全性几乎是一样的。全球有很多富豪乘坐比支线客机更小的公务机，而同时他们对于安全的要求恰恰是十分苛刻的。因此，我们不能说一种飞机比另一种更安全，只能说一种飞机比另一种有更好的安全记录。而安全记录不仅与飞机本身相关，还与天气、飞行操作、飞机维护等很多因素有关。

波音 737 民航客机上方视角

飞机湿租与干租的区别是什么

　　航空公司租赁飞机的方式有多种，包括湿租、干租等方式。湿租是由出租人提供飞机并附带完整的机组人员和维修、燃油等设备，承租人可以经营使用，只需向出租人支付租金即可。而干租指任何通过协议，由出租人（可能是航空运营人、银行或租机公司）向承租人（航空运营人）仅提供飞机而不提供飞行机组的租赁。干租一般由承租人承担运行控制。一般来说，湿租用于短期租赁，干租用于长期租赁。

　　航空公司之所以向其他航空公司或租赁公司租赁飞机，主要有两个原因：在无须负担购买飞机的费用情况下就可运营该飞机，且可借此增加临时的运力。

　　飞机租赁市场的形成，为国际航空工业的发展和航空运输业的兴旺发达开创了新的、有利的环境，为国际间的金融和贸易往来注入了新的活力。飞机租赁市场有利于世界民用航空工业的发展。世界民用航空工业的产生和发展，产品销售量的增加，有赖于商用飞机销售市场的发展及用户的需求能力。飞机租赁市场的产生和不断发展，为民用航空工业的销售创造了良好的市场环境。

波音 777 民航客机准备着陆

飞机租赁市场的形成，使航空公司在飞机的获取方式上，改变了传统的只有购买的单一方式，形成了购买、租赁两种并列的获得飞机的方式。这样，一家大型航空公司可通过购买其机队所需的一部分飞机，建立起核心营运力量，然后根据运输市场的需求情况，可以通过租赁方式随时增减另外部分的飞机，从而提高了航空公司适应市场变化的经营灵活性。

波音 767 民航客机前侧方特写

波音 757 民航客机侧面特写

→ 飞机每天的工作时间都是固定的吗

由于飞机的使用成本高，因此对航空公司来讲，要尽可能提高飞机日利用率，才能节约成本。飞机日利用率是衡量飞机利用程度的重要指标，提高飞机日利用率，意味着航空公司将更充分地利用其所拥有的主要生产性固定资产，这对于发展生产、降低成本、提高航空公司的经济效益具有十分重要的意义。飞机日利用率，也是考核航空公司经营水平的一项重要指标。综合来看，单独一架飞机的日利用率为 8 ~ 10 小时。不过，根据每架飞机的机型设计不同，飞行距离不同，所需维护时间不同等因素，其利用率有较大差别。

波音 747 民航客机侧前方视角

通常来说，大型飞机每次加油能飞很远的距离，如波音 777、空客 A330 民航客机。当执行国际航线时，飞机在地面的时间少，有时一天只停留 6 个小时。但是像空客 A319 客机这样的中小型客机，通常执行国内航线，地面停留时间就会长一些。

即便是同类型的飞机，在不同的航空公司也会有使用效率的差异。低成本航空公司多执行点对点的航班，往往会通过提高飞机的日利用率来降低企业运营成本，其飞机的日利用率会显著提高。而对传统航空公司来说，航线布局也是提高飞机日利用率的重要因素。如将航班衔接地更加紧密，便可提高飞机的日利用率。此外，不少航空公司也会根据市场季节调整航班量，在旺季视乘客量增加航班量，淡季则减少航班量。例如在暑期时，有的航空公司会将飞机起飞时间提前到早上 7 时前后，并将降落时间延长至深夜，以在最大限度上提高飞机的日利用率。

夜间停放机场的空客 A330 民航客机

空客 A319 民航客机正在起飞

→ 飞机上的污水污物都去哪儿了

最早期的飞机由于飞行时间有限，机上并不需要厕所这样的设施。而随着技术发展，飞机的飞行时间延长，便适时出现了马桶和袋子。

对于机上厕所有详细记载的是在二战期间。加拿大的英国皇家空军轰炸机司令部博物馆网站记录了当时英国和美国飞行员使用的简易马桶。这种马桶位于机舱后部，污物直接排出舱外，对于全副武装的飞行员来说既不方便又有被敌机击中的危险。

二战之后，随着世界经济的发展，越来越多的人坐上了飞机。早期飞机处理污水污物的方法就是当飞机飞离机场一定距离后，把污水污物直接排放到空中。这种办法很快就被发现有严重的缺点：因为空中温度很低，液体会冻结在出口处造成堵塞，使污物不能顺利排出；冲洗用的水箱不仅占用了大量宝贵的飞机载量，而且在飞机运行中水箱中的水会振荡，容易导致漏水甚至使水箱破裂。

直到 20 世纪 50 年代末，这个难题才有了解决的办法。技术人员在水箱中加装防晃隔板并使用一种特制的化学药剂来处理污水，处理后的污水可以贮存在水箱内循环使用，飞机降落后由保洁人员将污水运走。这样一来不仅可以大大减少飞机上的用水量，而且乘客也可以使用清洁无味的洗手间。机上洗手间的数量也是按 70～80 人一间的标准配备的。

现在民航客机上使用的真空马桶是在 1982 年由波音公司最先使用的。真空马桶主要依靠机舱内外的气压差来吸走马桶里的污物。按下冲水按钮后污水管的阀门会打开，通过气压差将污物吸进位于机舱腹部的化学存储箱。其间只需要用到少量的水和化学药物冲洗马桶。马桶内壁是由类似不粘锅上的聚四氟乙烯材料做成的，方便污物被排出。

保洁人员运送飞机上的污水污物

现代飞机上的卫生间　　　　　　　　飞机上的卫生间标志

飞机上出现的奇怪声音都是什么意思

在乘坐飞机时，如果飞机出现一些奇怪的声音往往会让乘客感到惴惴不安。但这些声音其实是在传递一些信息。

起飞前："叮咚"声

起飞前发出的叮咚声是机组内部在对话。一下表示一个从驾驶舱发出至机舱的通信联络，两下则表示一个机舱人员想和另一个机舱人员通话。

起飞前：飞机底部发出的撞击声

起飞前 10 分钟，飞机底部会发出撞击声，接着听到两下"呼呼"声，这是货舱门正在被关闭。

起飞前：飞机开始滑行前剧烈的风声

当飞机开始在跑道上移动准备起飞时，这样的声音表明气流来源的变化。

起飞途中：两声巨响

从飞机底部传来的两声巨响是起落架回缩的声音。巨响之后有长长的"嘶嘶"声，像是螺旋桨旋转的声音，这是发动机引起气流的变化，因为发动机转速在增加。

起飞后 5 分钟：两声响亮的"叮"

这个声音可以作为重新使用电子设备或厕所的提示。不过也有其他含义，也可表明飞机已经爬升至 3 千米高度。尤其对于在美国联邦航空管理局（FAA）的规定下飞行的飞机。3 千米高度以下是飞行途中的关键时段，根据 FAA 的规定不得在此阶段因不必要的事情联系驾驶舱。所以一旦两声"叮"响起，机舱乘务就会知道他们已经可以随意与驾驶舱取得联系。

飞行途中：更多的"叮咚"声

飞行途中的各种叮咚声和起飞前是同一种意思，都是机组成员之间在进行各种通信联络。通常是在暗示机舱乘务员在商议即将提供的食物或饮料服务。

降落途中：着陆前大约 5 分钟时，两声响亮的"叮"

在飞机着陆过程中，这两声"叮"表明飞机在下降过程中低于 3 千米高度，从而进入另一个重要时段。

降落途中："呼呼"的尖叫声

这是为了着陆做准备。

着陆前一刻："砰"的一声

这是飞机接近跑道时确保起落架落下时发出的声音。

波音 727 民航客机后侧方视角

波音 737 民航客机正在降落

麦道 MD-80 民航客机前侧方视角

坐飞机为何不能说"一路顺风"

在日常出行中，飞机逐渐成为人们首先选择的交通工具。在与朋友亲人告别的时候，通常会有人说"一路顺风"，但是这句话却并不适合在乘坐飞机的时候使用。之所以坐飞机不能说"一路顺风"，主要是和飞机的起降有很大的关系。所有的飞机起降，最怕顺风。

飞机在起降时的速度比较慢，稳定性差，而遇到强劲的侧风或不稳的顺风，飞机就会很难操控，有被吹歪倾斜的可能性。通常情况下，飞机的起降都会挑选逆风的环境。之所以选择逆风起降主要有两个原因：一是逆风起降可以增加升力或阻力使飞机的离地速度或着陆速度减小，借此缩短飞机起飞或着陆的滑跑距离。二是有更高的安全保障，逆风起降有利于飞机在运动中方向的稳定性和操纵性，这是由于飞机起飞和着陆时的速度比较慢，稳定性差。如果这时遇到强劲的侧风，飞机就会发生倾斜，为了避免出现这种危险情况，机场的跑道方向要结合当地的主要风向来修建。

波音 767 民航客机正在起飞

福克 70 民航客机在高空飞行

飞机逆风起飞时，与空气的相对速度等于飞机滑跑速度加上风速，由于相对空气运动速度大，获得升力也就大，这样就可以减少滑跑距离；相反，顺风起飞时，升力比较小。

在着陆时，如果是顺风，对空气的相对速度小，飞机就必须增速以克服风速影响，才能保持正常升力。这样不仅增加滑行距离，而且给飞机准确着陆带来困难，甚至可能使飞机发生冲出跑道的事故。而逆风着陆，则可有效避免这种情况，增加安全性。

在飞机升空后，如果是顺风则飞得快又省油。飞机挣脱了地面的制约，此时的风向、风速不再对它产生影响，飞机在大气团中"随波逐流"，如果这时顺风飞行，就像顺流而下的船只既快捷又省油。不过，随着技术的不断发展，现在飞机的速度以及稳定性都有了很大的改进和提高，风向对飞机的起降影响也减小了。

波音 767 民航客机正在降落

→ 通用飞机有哪些商业用途

通用航空的飞机或直升机可以搭载乘客从事城市上空和旅游景点的观光飞行。由于搭载人数较多、起落频繁，其收取的费用也不低，因此是一种非常盈利的商业行为，民航局对这类运营设立了严格的规定和审批制度。商业广告业有时会使用飞艇在城市上空缓慢飞行做商品广告，也有的用飞机拉烟在空中显现文字广告。还有一些通用航空企业经营着山区或从陆路难以到达地区的各种服务，如医疗救援、邮政或出租飞行等工作。

大型跨国公司的业务扩展到全球很多地方，公司内部的许多员工因公务需要必须外出执行任务，因此这些公司（非航空运输企业）自己出钱购买飞机，成立机队用以运送内部职工或客户，运送急需的零部件等。这类间接为商务提供服务的航空活动被称为公务航空。由于全球经济一体化的进程加速，公务航空也快速发展。据统计，进入全球 500 强的企业，其中 90％至少拥有一架自己的公务机，最多的拥有 50 架。

航展上的环球 7500 公务机

大部分公务飞机都是为公司中的高级管理人员服务的。他们对公务飞机的性能和装备要求很高。飞机要有较远的航程，舱内要有办公和休息的设施。为了显示飞机主人的地位，公务飞机不仅性能优越而且装饰豪华。制造商为迎合这种需要，专门研制出各种类型的公务机。20 世纪 70 年代以前生产的公务机多数是活塞式小型飞机，载客 5 ～ 10 人，航程一般在 3000 千米之内。自 20 世纪 70 年代以后制造厂家按照客户的需求又生产出了远程的喷气式公务机。机上装有涡轮螺旋桨或涡轮风扇发动机，航程至少在 4000 千米，飞行速度不低于 600 千米／时，载客

10～20 人。这类公务机的最大起飞重量已经超过 5 吨，最重的可达 30 多吨，实质上已经不是小型飞机了。这类公务机上的各种仪表装备与大型飞机没有什么差别，可以做跨大西洋的航行。有些公司在偏远的艰苦地区开展业务，如澳大利亚北部的铁矿、阿拉斯加北坡的石油开采，业主为了招募职工，改善工作人员的工作条件，也成立了机队，购买了一些较小的中型客机作为职工的通勤交通工具来使用。

环球 6000 公务机侧方特写

飞行中的挑战者 600 公务机

→ 航班号是如何编排的

为便于组织运输生产，每个航班都按照一定的规律编有不同的号码以便于区别和管理，这种号码称为航班号。

在 2004 年以前，航班号由各个航空公司的二字代码加 4 个阿拉伯数字组成，航空公司代码由民航局规定公布。后面的四位数字第一位代表航空公司的基地所在地区，第二位表示航班的基地外终点所在地区，第三、第四位表示这次航班的序号，单数表示由基地出发向外飞的去程航班，双数表示飞回基地的回程航班。根据航班号可以很快地了解到航班的执行公司、飞往地点及方向，这对飞机管理和乘客都非常方便。这些不成文的规定源于民航发展初期。当时航班主要由民航局直属航空公司承担，按区域划分飞行任务的安排，使得航班号非常有规律。随着地方航空公司的发展、民航企业间重组、代码共享、飞行区域交叉等原因，航班号显得有些乱，因此各个航空公司不再那么严格遵循规律。

　　时至今日，随着新兴航空公司和航班越来越多，很多航班号无法套用原来的规律了。虽说航班号不再有严格要求，但也并非"无迹可寻"。唯一保持不变的，是出基地的结尾单数，回基地的结尾双数这一规律。除此之外，根据最新统计数据，在概率上，航班号的前两位数字仍与航空公司的基地位置、终点位置有一定的相关性。如果航班因为天气、机械故障等原因延误、备降、取消，需要补班飞行，为区分原航班和补班

航班，航空公司会在航班号后面加个字母。国际航班号的编排由航空公司代码加 3 位数字组成，第一位数字表示航空公司，后两位是航班序号，单数为去程，双数为回程。而加班航班号则按照各航空公司向政府航管部门申报并获得批准的号码编排。

搭乘国际航班的乘客

机场的航班时刻表

→ 支线客机与干线客机的区别

　　支线客机通常是指 100 座以下的小型客机，一般设计座位为 35～100 座，飞行距离为 600～1200 千米。主要用于承担局部地区短距离、小城市与小城市之间、大城市与小城市之间的乘客运输。支线航空是航空运输业的一个重要的组成部分。

　　在航空业发展早期，飞机小、航线短，因航行距离的局限，所以航线多按地理区域划分，因此这是支线飞机的独霸时代。随着飞机服务领域的拓展，特别是在水上飞机发展以后，一方面以短程为主的小型飞机发展空间渐渐变窄，被迫开辟新的服务领域；另一方面冷战后超大型喷气客机开始出现，中长距离航行需求日益兴盛，并以航空枢纽为中心不断开辟新的航线，众多用于连接跨洲旅程的小航线让位于航空公司的远程直飞航班。

加拿大航空的 E-175 支线客机

　　随着跨国、跨洲长途国际航线的开辟，短程航线尽管有利可图，但总体上极少有航空公司愿意投入资金开发新的机型。

　　干线飞机是相对于支线飞机来说的，干线飞机一般是指航行于城市与城市之间载客量大、速度快、航程远的飞机，例如波音 737、空客 A320

飞行中的 ATR72 支线客机

民航客机等。自 20 世纪 50 年代初喷气客机问世以来，基本每隔 10 多年就会出现一批具有不同技术特点的干线客机。至今，喷气干线飞机的发展已经进入第五代。

干线客机和支线客机在结构强度上都是一样的。支线客机所执行的安全标准与波音、空客飞机基本一致。一般来说，飞机越大，其抗干扰能力就越强，所以感觉比较平稳；小飞机抗干扰能力弱一些，就会有颠簸感。由于支线客机飞行距离较短，高度不高，容易受气流影响，所以会有颠簸感。

由于干线客机主要依靠运量和长距离维持其经济性，转入支线运营的淘汰机型或者缩短机身版本的机型制约了支线航空业的发展，因此开发成本较低且根据不同国家地理的针对性需求，使得更经济实惠的新兴支线飞机在各国市场陆续推出。

波音 737 干线客机侧下方特写

空客 A320 干线客机正在降落

公务机相比民航客机有什么优势

在所有航空交通工具中，公务机是当前世界上最先进的航空科学技术的集中体现，公务机上的飞行装备是一般客机不可比的。无论是发动机、导航设备、雷达还是操控设备，公务机都采用了最先进的科学技术。例如公务机拥有的快速爬升能力，可以快速飞到远高于民航飞机的巡航高度，那样不仅能让发动机的燃油效率更高，还能够避开繁忙的飞行通道。公务机的飞行高度可达 12 500 米，而民航客机通常飞行高度为 9000 ～ 10 000 米。飞得更高，则意味着遇到天气干扰的可能性更小，飞行得更加平稳。

挑战者 850 公务机前侧方视角

在飞行过程中，真正影响飞机安全的有两大因素：外部的天气和内部的飞机监控。

公务机一般都会引进世界先进的飞行系统，比如配备的天气监控系统可实时监控到全球任意角落的天气情况，比民航飞机的雷达探测范围更广，可以更早更实时地掌握整个飞机航程中天气的变化情况。一旦侦测到了危险天气，操作员提前做好绕行方案，确保飞行的安全。

在内部操控层面，全球卫星定位系统实时把飞机数据采集传输回来，飞机无论飞到哪儿，其飞行轨迹都实时显示在系统上。有了这一系统的助力，一架飞机就相当于有天上、地面两只眼睛同时监控，安全系数自然更高。

此外，民航飞机需要以高利用率来保持商业盈利，一次飞行后可以再换不同的机组继续飞，一天飞 10 ～ 16 小时。而公务机大部分是机主自用，或者是满足一些包机客户的出行需求，一年才飞几百小时，其损耗自然也比较小，可以更好地保持飞机的飞行性能。

除了安全性之外，公务飞行还可以提供高度的隐秘空间，保护个人行踪和商业机密。减少了行程的曝光度，有效避开大众的关注。客户可以方便地在飞行途中进行资料处理、召开会议、会见重要客人等，不必担心信息泄露。并且在某些商务场合也能提升企业形象，用公务机接送重要客户也能给客户留下深刻印象，使企业信誉升值。

猎鹰 900 公务机的驾驶舱　　　　　　　猎鹰 2000 公务机的客舱

退役后的民航客机都是怎么处理的

在一定程度上民航飞机是比战机更容易受损的，退役时间也会相应地提前。根据运营数据来看，大型喷气式客机的退役机龄一般在 23 ～ 27 年，支线客机一般为 18 ～ 22 年。退役客机的增多，也意味着可拆解飞机的增多，会有大量零配件流入市场。一架飞机有大约 90% 的零部件或材料能被回收再利用，除了最值钱的发动机外，航空仪表盘、紧急滑梯、机轮、刹车、起落架和航电设备等，如果符合严格的技术要求，可以重新进入二手飞机航材市场；机舱可以用作教学培训或改造成酒吧、餐厅等；机身的蒙皮可以制作成包装用品。

还有部分退役客机改装为特种飞机，例如美国就将 DC-10 和波音 747 改装成超大型灭火运输机。美国常青国际航空公司耗时五年，投资 5 千万美元改装出波音 747 超级灭火飞机，从 2009 年便开始投入

BAe146-200 型民航客机

森林火灾的扑救行动。波音 747 灭火飞机还在欧洲执行灭火任务，它可以从不到 200 米的高度一次喷洒 75.7 吨灭火用水，从而起到事半功倍的效果。

除了民航客机可以改装成灭火飞机，支线客机也可以。2004 年 9 月，改装后的 BAe146-100 型飞机就进行了首次森林灭火试飞，它历经 9 个架次包括满载飞行在内的各项测试。2010 年，改装后的 BAe146-200 型取得了 FAA 和 USFS 颁发的认证。

还有部分退役客机则是直接飞到"飞机坟场"，例如美国加利福尼亚州南部维克托维尔的沙漠中，就停放了各种各样的退役客机。"飞机坟场"一般都会选择沙漠地带，这些区域空气干燥，降水稀少，可以让机体免受雨水侵蚀。维克托维尔机场又被称为南加州物流机场，该机场最早为乔治空军机场，在 1941 年至 1992 年为美国空军飞行训练的场地。因环境因素，这里也是民航客机的"坟地"，很多客机也在此被拆解。

由 DC-10 客机改造的超大型灭火运输机

由波音 747 客机改造的超大型灭火运输机

客机"过水门"有什么含义

　　"过水门"仪式因两辆或两辆以上的消防车在飞机两侧喷射水雾时，会出现一个"水门"状的效果而得名。这一项仪式极具象征意义，寓意"接风洗尘"，是国际民航中高级别的礼仪。

空客 A330 民航客机正在进行"过水门"

　　"过水门"跟国外的"军刀拱门"仪式类似。在过去，人们一般会用手臂举着刀剑或者棍子等搭成一个形似"门"的通道，然后会让人从中走过，以表祝福和纪念。后来随着社会的发展，需要纪念的事物规模不断扩大，比如飞机、轮船等。"军刀拱门"或"手臂拱门"等形式已经没有办法满足现实的需要，所以才逐渐演变出用消防车在空中喷水，以此来搭建"水门"的形式，表达庆贺与祝福。

　　20世纪90年代，国际民航将"过水门"仪式应用于飞机并逐渐成为行业共识。获得"水门"迎接待遇是一项非常郑重荣幸的事情，不管是出于什么目的。这种盛大庄重的迎接仪式已经成为了民航行业内公认的迎接仪式。通常在航空领域，通过飞机"过水门"这样隆重的仪式，

纪念一架飞机研发过程中的首飞、服役后的首航和最后一次飞行。在飞机全生命周期内的一些重大里程碑时刻，通常也会举行"过水门"仪式。此外，"过水门"仪式还用于纪念一名资深飞行员的退役、航空公司接收一架新的机型等重大纪念时刻。

麦道 MD-11 民航客机正在进行"过水门"

　　除了有接风洗尘的仪式感外，"过水门"也能起到保养飞机的作用。一方面，在天气炎热的时候，飞机常常需要"过水门"，这样可以给飞机降温（尤其是发动机）。

瑞安航空首趟航班正在进行"过水门"

另一方面，经过长时间的飞行后，飞机需要清洗，"过水门"可以保持飞机的清洁。

除了客机，直升机、战斗机也有"过水门"仪式，甚至军舰、船艇也有类似的仪式。

"过水门"仪式产生的彩虹

货机都有哪些来源

货机通常专指用于商业飞行的民用货运飞机。实际上，军用运输机也是货机，但它与民用货机有着显著不同的特点。民用货机与航线客机相似，在永久性的大、中型机场起降。

很多干线飞机都有专门的货机型号，如波音 747-400F、波音 757-200F、空客 A300-600F、空客 A330-200F 等，都是全货机。全货机一般设计为集装设备型的货舱，飞机货舱底部一般均设置有滚轴及固定系统，可以放置集装板和集装箱。最大的波音 747-400F 货机，可以放 39 个集装板。空客 A300-600F 货机可以装载 50 吨货物，放 21 个集装板和 23 个集装箱。

　　大多数民用货机由民航客机改装而成。为了装货的需要，除了将客舱内的座椅、装饰和生活服务设施拆卸外，还要将地板加强，提高承压能力。在货舱侧前方设置较大的货舱门。门的高度在 2 米以上，宽度超过 3 米。货机还装设地板滚轮系统和起重吊车等，以便于装卸货物。货机在必要时可以恢复成民航客机或客货混用机（前舱载人，后舱载货），这样的飞机通常称为可转换飞机。专门为货运而设计的民用飞机还很少，大多是为运输某种特殊货物需要而将民航客机机身改造的。

　　目前几乎所有商业货机是客机的衍生品或改造品。货机主要有以下几种主要来源。

　　由客机改装

　　根据波音公司在 2020 年 10 月发布的《全球民航市场未来 20 年展望》，到 2039 年，货机总数达 2430 架，其中有近 1458 架（占比 60%）为客改货而来。一架货机的内部通常分两层——主货舱和下货舱，客机原来存放托运行李的下货舱可以维持不变。因此，客机改货机，主要就是把原有的客舱改成主货舱。这就需要给飞机重新开凿一个更大的舱门、卸除原客舱内没有实用价值的部件以及加装主货舱内所需要的硬件和软件设施。

波音 747-400F 货机侧方视角

波音 757-200F 货机侧方视角

专用民用货机

专用民用货机是一种从一开始就被设计为货机的飞机，没有乘客或军事要求造成的限制。专用货机的主要优点是它可以专门为空运需求而设计，可以根据其装卸类型来提供专门的地板、机身配置和加压。

客货混用机

客货混用机前半部分供乘客乘坐，后半部分为货舱，如波音 747-200M 等。有一部分客机可快速变换为货机搭载货物，如波音 727-100QC 等。

空客 A300-600F 货机正在装运货物

民用直升机有哪些应用领域

直升机自问世以来，其已在民用领域获得越来越多的应用。直升机在民用领域的第一类应用是运输功能，既能运人又能运货。1947 年 10 月，美国洛杉矶航空公司首次使用 S-51 直升机开辟了世界上第一条直升机航线。后来在一些大城市的两个机场之间也建立了直升机航班，如英国伦敦的希思罗机场和盖特威克机场之间。直升机还可以通过外吊挂的方式将建筑材料或物资运往车辆难以到达的山区或海岛。米 -26 作为世界现役最大的直升机，甚至能吊起重达 15 吨的苏 -27 战斗机。

海上钻井平台的人员、物资运输也占了直升机民用领域的很大一部分，因其可以极大提高运输效率。在陆上或海上进行油田和天然气开发中，直升机的服务都是卓有成效的。在陆上开发工作中，遇到地面交通运输工具难以到达的地形复杂地区或偏僻地区，使用直升机就可不必开路筑桥和修建铁路，因而可以大大节省时间和经费。在海上开发工作中，直升机的速度比船只快、受海况影响小，适于完成人员运输和后勤支援、运送供给品和急需设备及紧急救援、抢救危急伤病人员，承担平台起火后的灭火任务等。

直升机在民用领域的第二类应用是各种空中作业，例如地质勘探、水电建设、渔汛侦察、交通管理、观光旅游、抢险救灾、新闻采集、影视制作、环境监测、治安巡逻、公安执法等。

S-51直升机前侧方特写

目前，全世界有4万多架直升机用于各个领域。直升机也因技术与应用的不同，被划分成各种类型。按用途划分，直升机可以分成军用直升机和民用直升机。而民用直升机按用途大体可分为以下几类。

通用运输直升机。它既可内装或外吊物资，也可用于人员运输（有折叠或快速拆装座椅），必要时也可安装担架用于救护，或用绞车对遇险人员进行营救。它可装任务所需的物资或设施、能实施多种空中特种作业，如空中摄影、摄像和电子信号转播、护林灭火等。

乘客运输直升机。机舱内设有较舒适的座椅及隔音设备和其他所需设施，专用于乘客运输。

公共服务直升机。安装任务所需设备，服务于各种公共事业，如公安执法、巡逻、观察、环保取样、消防救火、医疗救护、抢险救灾等。这类直升机与通用运输直升机不同的是机上装有固定的任务设备，专门执行上述任务中的某项任务。

特种作业直升机。机上装有任务所需的设备，专门执行各种空中特种作业，如高压输电线路或石油、天然气管路的巡检和维护，农业施肥或喷洒农药，牲畜放牧，渔业应用，等等。

起重直升机。这类直升机具有很强的外部吊运能力，视起飞质量的大小，可吊起数吨乃至十余吨重的物资。可用于建筑、大型设备安装、原木运输等的起重吊运。

教练直升机。用于民用飞行人员和私人驾驶员的训练。

EC-135 直升机准备降落

巴黎航展上的 EC-155 直升机

西科斯基 S-92 直升机前侧方视角

第 2 章
机体构造篇

　　飞机是人类在 20 世纪所取得的最重大的科学技术成就之一。有人将它与电视和电脑并列为 20 世纪对人类影响最大的三大发明。飞机的结构部件称为机体，存在的零件可能会根据飞机的类型和用途而有所不同。

→ 概述

　　自从探明了风筝能够起飞的奥秘以后，发明家们就设想：如果把人放到一个容器中间，把两个可以控制迎角的风筝（翼）装在容器两侧，再装上一台能产生推力的发动机，使这个容器能够飞起来，人不就可以上天了吗！随着问题一个个被解决，从伯努利定律问世以后又经历了160 多年，人类飞天的梦想才得以实现。

空客 A350 民航客机前侧方视角

　　首先的问题是平板状的机翼产生的升力不够大，而且迎角一有改变，升力就会出现大幅的变化。经过许多年的摸索，先行者甚至为此付出了生命的代价，飞机研制者们才逐步把平板状的机翼改造成横截面的形状为上面弧度大、下面弧度很小甚至是直线的机翼。机翼横断面的形状叫作翼型，它直接关系到机翼产生的升力和阻力的大小。现代机翼的翼型即使在迎角为 0°的情况下，空气流经机翼上方弧度大的路线也比流经下方弧度小的路线略长，从而使上面的气流速度快于下面，由此产生出升力。如果控制迎角使之变大，这种机翼的升力还会增加。可是迎角也不能过大，过大的迎角会使气流不稳，导致升力突然降低甚至消失，这种现象叫作失速。最终航空科学家们找到了使飞机获得稳定的升力并且通过控制迎角去控制升力的办法。

其次的重大研制项目是关于飞机的结构。通过不断的实践，飞机的基本结构和机翼的基本形状就确定了下来。机翼产生大部分升力让飞机能在空中飞行。现代客机在机翼的尖端使用小翼以减少阻力。机翼附近有额外铰接的后部，称为襟翼，在起飞和着陆时向下展开襟翼可以增加机翼产生的力。机翼的外侧铰接部分称为副翼，它用于飞机的横滚，也就是可以使飞机沿着飞行方向的轴线滚动。大多数客机也可以使用扰流板实现横滚。扰流板是小板，用于破坏机翼上的气体流动。扰流板的作用就是帮助飞机随速度调整气动外形流场，进而获得接近最理想状态的气动操作效应。控制飞机飞行方向及爬升下降的机械结构是机尾上的方向舵和升降舵，总称为尾翼。客机尾部通常有一个固定的水平件，称为水平安定面；一个固定的垂直件，称为垂直安定面。安定面的作用是为飞机提供稳定性，使其保持直线飞行。在机翼和安定面的后部是小的活动部件，它们通过铰链连接到安定面后部。

波音 787 民航客机在夜间着陆

除了用机翼提供升力，飞机还必须要有一个机身用以安装发动机和容纳乘坐人员。飞机的机身将所有部件固定在一起。机长坐在机身前部的驾驶舱内，乘客和货物都装在机身后部。起落架是唯一一个支撑整架飞机的部件，因此它是飞机不可或缺的部分。没有它，飞机便不能在地面移动。

波音 787 民航客机客舱特写

高空飞行的 DC-8 民航客机

飞机窗户为何不能打开

　　1990 年 6 月 10 日，英国航空 5390 号班机在飞行过程中，飞机驾驶舱中的一块挡风玻璃突然飞脱，由于客舱内外压差的不同，客舱内的压力大于客舱外的压力，机长半身被吸出舱外，险些酿成惨剧。另外，对于应急逃生门、驾驶舱的逃生窗和移动顶门等也是同样的道理，在空中不能打开，一旦打开也会造成客舱失压，后果不堪设想。所以，为了保证安全，飞机的窗户在空中是不能打开通风的。在飞机起飞前地面维修人员都会对飞机的门窗及各处的封闭做仔细的检查。

　　如今世界民航客机大部分是波音和空客生产的高亚音速涡扇民航大型客机，这类飞机的巡航高度一般在 10 000 米左右。10 000 米高空中空气压力只有海平面的 30% 左右（海拔 3000 米高度，大气压力要下降 30%；海拔 5500 米高度大气压力只剩下 50%。珠穆朗玛峰海拔高达 8848.86 米，在其峰顶上，气压只有海平面上的 34%），一般人是绝不可能在这样的气压下生存的。为了给乘客提供舒适的旅行环境，设计师一般把飞机的座舱设计成密闭座舱，并为座舱增压至一般人不会有不适感觉的压力，即相当于海拔 8000 英尺（相当于 2400 米）高度的大气环境。

　　另外，10 000 米高空属于平流层底部，那儿的温度一般约为 –50℃，是人不能适应的。所以，世界上大部分运营的民航客机的窗户都是固定式的，其强度必须至少耐受 8psi（55 160Pa）以上，其座舱增压是引自发动机的热气，经飞机空调系统将座舱的微气候环境调节到适合人生存的状态。

现代客机上的窗户

飞机窗户外的风景

→ 飞机上的活动翼面有哪些

　　飞机的机翼上有很多活动翼面用来辅助飞机操纵或者提升飞机升力。最常看到的辅助操纵系统就是后缘襟翼。在起飞期间，每侧机翼上的两块双缝襟翼展开，以增加升力。这可以使飞机低速起飞。在巡航期间，其后缘襟翼完全收起；在着陆时，其后缘襟翼完全展开以增加升力和阻力，使飞机接地时速度降低。波音 737 系列飞机采用后退三开缝襟翼，由前襟翼、中襟翼和后襟翼组成。当襟翼放出时，机翼弯度、机翼迎角及机翼面积增大。后退三开缝襟翼的前襟翼与机翼后缘、中襟翼与前襟翼、后襟翼与中襟翼之间开有三道缝隙，有更多的高速气流从下翼面通过三道缝隙，流到上翼面后缘，可消除旋涡，使气流仍贴着弯曲的翼面流动。

展开的扰流板特写

每侧机翼上的前缘装置包括两个克鲁格襟翼和四个缝翼。前缘缝翼是安装在机翼前缘的狭长小翼。当前缘缝翼打开，它与机翼前缘表面形成一道缝隙，下翼面压力较高的气流通过这道缝隙，得到加速并流向上翼面，增大了上翼面附面层中气流的速度，降低了压力，消除了这里的分离旋涡，从而延缓了气流的分离，避免了大迎角下的失速，提高了最大升力系数。

前缘襟翼和后缘襟翼相似，只是放在前缘。在大迎角下，放下襟翼时，它向下偏转，即可减小前缘与相对气流之间的角度，消除旋涡，使气流能够平滑地沿上翼面流过，同时也可增大翼剖面的弯度，延缓气流分离，而且最大升力系数和临界迎角也都得到提高，从而增大了升力。在巡航期间，这些装置完全收起，起飞时完全打开以增加升力，可使飞机以较低速度起飞。在着陆时，前缘缝翼完全打开，以增加升力防止失速。

另外，还有扰流板。按作用不同分为地面扰流板和飞行扰流板。地面扰流板只能在地面使用，当飞机着陆时，地面扰流板可完全放出，从而卸除机翼的升力，提高刹车效率，增大阻力，从而缩短飞机的着陆滑跑距离。飞行扰流板既可在空中使用，也可在地面使用。飞行扰流板在地面使用时，与地面扰流板相似。在空中，飞行扰流板主要有两个作用：一是作为减速板使用；二是配合副翼进行横侧操纵，即当驾驶盘旋转角度超过一定值时，副翼上偏一侧的飞行扰流板打开，配合副翼进行横侧操纵，而另一侧的飞行扰流板不做相应的偏转。当副翼系统出现故障而卡死时，飞行扰流板还可以单独进行应急横侧操纵。

展开后的后缘襟翼特写

空客 A320 客机前缘襟翼特写

为何飞机起降时要打开遮光板

　　每当飞机即将起飞或即将降落时，空乘人员都会提醒乘客打开飞机两侧的窗户遮光板。而打开遮光板完全是为了应对意外情形的发生而不得不采取的提前预防措施。飞机意外的发生，一般都集中在起飞和降落这几分钟里。有数据显示，在世界上所有的空难或者飞机事故中，60%以上都发生在飞机起飞阶段，尤其是最开始的 7 分钟。

　　飞机一旦出现事故，经常伴随着强烈的撞击，或者大幅的转弯甚至侧翻。如果遮光板是打开的，乘客就可以预判到飞机下一步的运动轨迹，提前采取保护措施，最大限度地减少自己受伤，尤其是减少头部损害的可能性。如果飞机在水上迫降，可能飞机一侧在水上，另一侧则在水下，乘客可以选择安全的一侧撤离飞机。

　　当飞机出现故障的时候，其自身的照明系统很可能会受到影响，甚至完全中断。如果没有打开遮光板，这个时候舱内可以说是一片漆黑。在那样的情形下，必然引发恐慌，即使最后是虚惊一场，乘客自己都可能人为地造成死伤。飞机遮光板打开后可以提供辅助的采光，当遇到应急出口灯及客舱照明不能使用的时候，乘客可以利用通过舱窗照射进来的光线撤离，防止在黑暗中发生拥挤、踩踏等情况。

　　事故一旦发生，机场的救援队会第一时间赶赴事故现场，打开遮光板可以为救援提供方向，以便在第一时间采取最有效的救援方式。如果遮光板是关闭的，看不清舱内的情况，会严重耽搁救援的黄金时间。甚至舱内起火这样的危险情形都不会被发现。不过也有一些特殊情况，机组人员也会要求乘客关闭遮光板，这主要是在一些军民合用机场，出于军事保密需要，因此必须关闭遮光板。

乘客关闭飞机遮光板

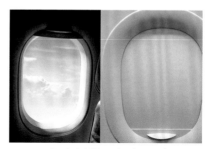

飞机遮光板打开与关闭状态

飞机机翼是如何提供升力的

　　飞机的升力来源于机翼上下表面气流的速度差导致的气压差。具体是因为机翼的上表面是弧形的，使得上表面的气流速度快。下表面是平的，气流速度慢。根据伯努利定律：等高流动时，流速大，压强就小。所以机翼下方气体压强大、上方气体压强小，因此产生气压差，进而产生升力。

轻型飞机的副翼特写

空客 A340 民航客机机翼特写

　　飞机在起飞和降落的时候，飞行速度都不可能太快，以免发生冲出跑道等事故，可是飞机起飞时如果速度上不去，升力不足，飞机就不能飞离地面。为此设计师们在机翼的后部内侧紧邻副翼的位置上增添了一对或几对可以活动的翼面——襟翼。襟翼被对称地安装在两侧机翼上。它们只能向下偏转一定的角度，部分类型的襟翼在向下偏转时还可向后方伸出一段距离。襟翼向下弯曲后，它改变了机翼下表面的弯曲程度，使机翼下方的空气流动变慢，同时也使机翼面积变大，这两种因素同时作用的结果是使升力加大。当然襟翼打开时阻力也会增加。飞机在起飞和降落时，都要打开襟翼以增加低速飞行时飞机的升力。起飞时飞机需更多的升力、尽量减少阻力，此时襟翼打开的角度要小，一般仅 15° 左右；而在飞机降落时，升力和阻力都要求尽量大，使飞机在降落的同时，速度迅速降低，并保持平稳下降和滑行，此时襟翼打开的角度为 25°。飞机升空以后速度提高，机长及时收好襟翼，飞机就能以较小的阻力在空中翱翔了。

除了副翼、襟翼外，在机翼的上表面还有很多活动的小翼面，这些小翼面被命名为"挠流板"。飞机降落时它们被翻起以增加阻力，并且把机翼压向地面以增加机轮与地面的摩擦力。

空客 A319 民航客机机翼特写

→ 飞机的翼尖为何会向上翘起

民航客机的机翼并不是平直延伸的，而是在末梢处向上翘起。之所以会出现这种情况，是因为气流在经过机翼时，机翼的上下表面形成了压强差。而机翼处在中间，就像隔板一样隔开了两股气流。但是，机翼再长，它总有一个翼尖边界，在这里，高压气流失去了阻挡，就开始往上翼面跑，因此，在翼尖处就出现了"涡流"。当飞机高速飞行时，翼尖涡就会向后流动，并产生一个"下洗速度"，使得飞机的升力减小，也就是产生了"诱导阻力"，这会增加飞机的燃油消耗。

NASA 的理查德·惠特科姆博士针对这种现象发明了翼尖小翼。它是位于翼尖处，近似垂直于机翼翼面的一个小机翼。通过风洞测试和计算研究，惠特科姆得出结论：安装翼尖小翼的运输飞机可以实现 6%～9% 的巡航效率改进。于是，20 世纪 70 年代末，NASA 在一架 KC-135 运输机上安装了小翼进行试飞。试飞数据表明：在安装翼尖小翼后，飞机的最大飞行高度增加了 3.4%，升力系数增加了 4.88%，巡航状态升阻比提高了 7.8%；航程增加了 7.5%，因此，到 20 世纪 80 年代中期，翼尖小翼开始被应用在民航客机中。

翼尖小翼形状因各种飞机型号不同而有所变异。因为国际油价抬升，所以各航空公司纷纷要求厂商加装翼尖小翼以提高飞机的油耗效率及整体（空气动力）表现，如空客 A300、波音 727、波音 757 和波音 767 原设计并无翼尖小翼，是后来才加装上去。

飞机在翼梢增加翼尖小翼后，由于翼尖涡得到明显缓解，机翼上下表面的压力差变得更大，飞机爬升能力有了显著提高，同时速度也有了一定程度的增加。在管制工作中，有翼尖小翼的飞机在有高度限制时其优势是非常明显的。

增加小翼后飞机所产生的尾流有了明显的减小，对后机尾流干扰也变得更小了，在管制工作中，尾流的干扰不仅在起降阶段表现得明显，而且在巡航阶段也是如此，飞机的偏置功能在一定程度上也是基于此方面的考虑。

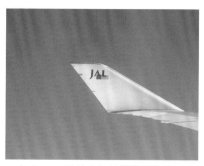

波音 747 民航客机的翼尖小翼特写

空客 A350 民航客机的翼尖小翼特写

空客 A320 民航客机的翼尖小翼特写

→ 飞机驾驶舱风挡玻璃破裂会怎么样

2015 年 8 月 9 日，美国达美航空从波士顿前往盐湖城的 1889 航班在飞行途中遭遇气流和特大冰雹袭击。直径约 10 厘米的巨型冰雹将这架空客 A320 客机驾驶舱前风挡玻璃、机头和机载 GPS 系统全部砸坏，甚至还有一些冰雹从发动机中穿过。不过好在飞机最后平安降落了。

飞机作为一种安全性、可靠度高的交通运输工具，在其重要系统、部件中，均采用多余度设计，风挡玻璃也不例外。客机前风挡玻璃作为飞机结构件，是一种典型的结构功能一体化材料，直接关系到飞机和机长的安全。它必须具有足够的强度和韧性，以承受外部冲击载荷。作为透明观察窗，必须具有良好的光学性能，具备用于防冰除雾的电加温功能。玻璃是一种典型的脆性材料，其破裂往往是突发性的。为避免客机风挡玻璃破裂后飞散引发灾难事故，目前飞机风挡玻璃通常由硅酸盐玻璃和有机透明材料复合而成，保证玻璃"碎而不散"。

风挡玻璃都有加温系统，使风挡温度保持在 43℃以防冰防雾，并保证玻璃强度。如果加温控制组件失效，驾驶舱内侧玻璃很快会起雾结冰，这种情况容易发觉并采取相应措施。但如果是温度控制设备故障，一直处于强加热模式的风挡玻璃同外部环境温差过大，将会导致裂纹产生，继而使玻璃内部的应力作用失效，最终破裂。虽然此类故障曾经出现过，但多层防护均出现问题，玻璃爆裂飞出的情况确实十分罕见。

空客 A350 民航客机风挡玻璃特写

波音 777 民航客机的风挡玻璃破裂

不考虑鸟撞和冲击，飞行过程中飞机风挡玻璃破坏可分为三种情况：玻璃破裂但没有脱落，还能挡风但影响视野；玻璃破裂随后脱落，形成空窗；没有破裂但整体脱落。第一、第二种情况下，玻璃一定存在某个破坏源（缺陷、微裂纹或划痕），为防止事故发生，可对没有发生事故的飞机采用无损在线检测方法排除风险隐患，或对用了 5 年以上的飞机进行定期检查。而对于第三种情况，玻璃整体脱落大多是固定边框出了问题。可以对飞机风挡玻璃的安装牢固程度及其螺栓紧固力大小的均匀性进行检测与评价。

空客 A380 民航客机驾驶舱

飞机上有哪些灯

飞机上装有各式各样的灯。在客舱和驾驶舱内都装有柔和的日光色照明灯；在驾驶舱中的仪表板上装的是可以自动调节亮度的灯，它发出的光线可有效避免驾驶人员产生眼睛疲劳；在客舱中每个座位的上方还装有专供每位乘客使用的阅读灯；客舱通道上还装有紧急备用灯；等等。但是最能引起地面人员注目的是飞机外部的灯光。缤纷的色彩、闪烁不停的灯光把夜航的飞机打扮得如同天使一般。这种灯不是为了好看，它们是航行灯和防撞灯，是为了防止碰撞。航行灯安装在机翼的两个翼尖和垂直尾翼的顶端。民航条例规定左翼尖的灯光为红色、右翼尖的灯光为绿色、尾翼是白（黄）色灯光。根据飞机的航行灯是"左红右绿中间黄"这条规则，从一架飞机航行灯的颜色就可以判断出它是朝你飞来还是离你而去。这一点对夜航的飞行安全非常重要。防撞灯被装在机身的上方或下腹部，这种灯亮度很强并且按一定的频率不停地闪动，通常每分钟闪动 90 次。防撞灯的颜色有两种，有的飞机用红白两色，有的飞机用强烈的青白色闪光灯。大型飞机一般安装 3 个以上的防撞灯，使它在很远的距离就可以被发现。

为了帮助机长在飞机着陆及滑行时能看清楚下面及前面的跑道，在飞机上还装有着陆灯和滑行灯，其作用相当于汽车的前大灯，能把飞机前方 50 米的距离照得很亮。着陆灯是当飞机下降到离跑道不远时使用的，灯光照向下方，而滑行灯是飞机着陆后使用的，灯光照向前方。这两种灯的开关由机长控制。

空客 A350 民航客机仪表盘上的灯光

波音 777 民航客机机身上的灯光

空客 A380 民航客机侧方视角

→ 客机的机身颜色为何大部分是白色的

同汽车相比，飞机的外观颜色确实比较单调，主体颜色基本都是白色。虽然有的航空公司也采用白色以外的颜色作为飞机的主体颜色（如新西兰航空公司的飞机采用黑色涂装），但是大部分航空公司还是用白色涂装客机。而客机的机身颜色之所以采用白色，是有一定道理的。首先，白色较其他颜色有显著的控温优势。白色能够反射光的所有波段，所以光能不会被转换为热能，而其他颜色会吸收光的多个波段并将其转换为热能,这会导致物体变热。因此,白色机身就像给飞机涂上了一层防晒霜,一方面可以保证机身部分材料不会因为过高的热量失效;另一方面机舱内温度较低,可以节省空调消耗的燃油。

此外,白色的可见度比较高,从安全角度看是最佳底色,有助于维修人员发现机身缺陷。例如飞机上的管路发生泄漏,会有液压油或燃油之类的物质漏出来,白色机身会让这些漏油处很明显。

从经济角度看,飞机彩色喷漆是一项昂贵的支出。有数据显示,对一架飞机进行彩色喷漆的费用为 5 万~ 20 万美元。同时整个喷涂工作需要耗时 2 ~ 3 周,这段时间飞机停飞带来的损失非常巨大。另外,飞机涂料会给飞机增加不少重量。以波音 747 民航客机为例,装饰整机需要至少 250 千克涂料,而整机抛光的喷漆重量只有 25 千克。使用更为轻薄的空气动力机身涂料可节省整整 2% 的运营成本。

如果考虑到喷漆的性价比,那么喷漆的间隔时间越久越好。可惜所有的有色涂料暴露在太阳下和空气中后,都会面临褪色的问题,尤其是当被暴晒在 9000 米高空中时,相当数量的紫外线辐射会加速褪色过程。而白色在长期风吹日晒之后仍然能保持良好的外观,可以减少喷漆次数,节省成本。

空客 A380 民航客机上方视角

飞行中的波音 747 民航客机

波音 757 民航客机侧方特写

→ 飞机的主操纵系统是怎么控制飞机的

飞机操纵系统包括对副翼、升降舵和方向舵的操纵。

副翼位于大翼后缘靠近翼尖区域；在大型飞机的组合横向操纵系统中，常常有 4 块副翼——2 块内副翼和 2 块外副翼。在低速飞行时，内外副翼共同进行横向操纵；而在高度飞行时，外侧副翼被锁定而脱离副翼操纵系统，仅由内侧副翼进行横向操纵。

副翼用于操纵飞机绕纵轴的横滚运动，由驾驶盘操控。当向左转驾驶盘时，左侧副翼向上偏转，同时右侧副翼向下偏转，导致左侧机翼的升力减小，而右侧机翼的升力增大，产生使飞机向左滚转的力矩，飞机绕纵轴向左侧滚转。当向右转驾驶盘时，右侧副翼向上偏转，同时左侧副翼向下偏转，导致右侧机翼的升力减小，而左侧机翼的升力增大，使飞机绕纵轴向右转。

波音 747 民航客机的机翼特写

波音 777 民航客机尾翼特写

升降舵位于水平安定面的后缘，由前推或后拉驾驶杆操控。当前推或后拉驾驶杆时，会使升降舵偏转，从而产生俯仰力矩，操纵飞机绕横轴转动。当前推驾驶杆时，升降舵向下偏转，使尾翼升力增大，飞机产生低头力矩，绕横轴下俯（低头）；当后拉驾驶杆时，升降舵向上偏转，使水平尾翼升力减小，甚至产生负升力，飞机产生抬头力矩，绕横轴上仰（抬头）。

方向舵位于飞机垂直安定面的后缘，大部分飞机，如波音 737、波音 757、波音 767、波音 777 采用单块的方向舵舵面。而波音 747 采用两块方向舵，上、下两块方向舵舵面铰接于垂直安定面的后缘。

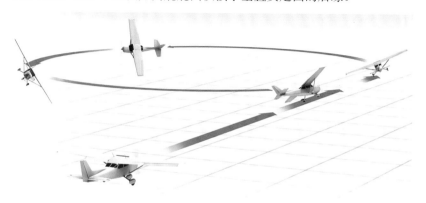

飞机空中转弯原理

方向舵由脚操纵机构——"方向舵脚蹬"操纵，用于操纵飞机绕立轴运动。当方向舵脚蹬在中立位置时，即左右脚蹬平齐时，方向舵也处于中立位置。当向前蹬左脚蹬，右脚蹬向后运动时，方向舵向左偏转，作用于垂直位置上的空气动力使得飞机机头向左偏转。当向前蹬右脚蹬时，方向舵向右偏转，从而使机头向右偏转。

波音 757 民航客机后侧方视角

→ 飞机窗户为何是椭圆形

客机越来越普及之后，为了减少空气阻力、降低油耗以及减少乱流，飞机开始越来越往高空飞，飞机的机身也因此做了很多调整。其中一项调整是机舱必须加压，好让乘客在内部能够生存，另一项是机身改为圆柱体，因为这样能承受较大的内部压力。但当时其中一项设计上的缺陷没有更改，那就是窗户。20 世纪 50 年代以前的飞机窗户是方形的。

1952 年，第一架喷气式客机进行了第一次飞行。德·哈维兰 DH106 "彗星" 客机是载人客机的一次巨大成功，因为它的加压舱，可以使它飞到 10 668 米的高空。飞行高度越高，空气密度越低，这就减少了对机身的阻力，从而能够更好地提升飞机的速度。当时这架飞机被认为是英国工程公司的壮举。但这一名声并没有持续多久。1954 年，两架 DH106 "彗星" 客机在半空中解体，造成 56 人死亡。经英国官方研究发现，半空中解体的原因是方形窗。事实上，德·哈维兰在飞机生产过程中进行了多次测试，公司甚至证明了飞机在增压舱内不会发生故障。当时所有人都认为预生产测试是足够安全的，因为德·哈维兰公司进行了大量的试验。在设计过程中对平均应力进行了计算，发现平均应力小于材料极限强度的一半。对于飞行安全来说，这个计算结果似乎已经足够了，而德·哈维兰没有进一步计算应力值，而是依赖测试作为 "彗星" 客机安全的主要证据。

这其中就涉及应力集中的知识。应力集中是由于物体几何形状的突然变化而引起的应力在体内的累积。当裂纹尖端、孔洞和截面面积减小导致机体几何形状发生突变时，这些裂纹尖端、孔洞附近的局部应力会增大。整体结构往往会在这些应力更集中的地方而被破坏。因此，为了防止结构被破坏，应该避免或减少应力集中。

由于窗户和窗框呈方形，应力集中程度较高。角的突然变化使几何形状破坏了应力流，这与现代的椭圆形窗不同。由于角落处的应力较大，在结构的切口处往往有裂纹萌生的机会。飞行过程中飞机结构承受着各种载荷，所有的载荷都不是等量的，而是循环的。这会导致疲劳载荷。疲劳载荷使裂纹在大的周期内扩展。但由于 1954 年设计师对断裂力学的不了解，因此在飞机的设计中没有考虑裂纹扩展理论。压力舱的失效是由于疲劳裂纹的增长而引起的，这些裂纹很可能是由于飞机结构的缺陷而产生的。在早期的飞机设计中并没有出现问题，是因为所需的舱内压力较低。德·哈维兰所进行的严格试验没有发现这一问题，这可能是由于在进行试验的次序方面有一些不完善的情况，所以在当时很难预料到这一点。

但它为未来飞机的安全飞行总结了经验教训。随着时间的推移，人们发现为了保证飞行方面的性能不受影响，经过加压之后的机舱必须是椭圆形的。窗户采用椭圆形，压力的分布就会更加平衡。

飞机客舱的椭圆形窗户

飞机上靠窗户的座位

机舱的窗户上的小洞是什么

众所周知，海拔越高的地方气压越低，飞机在高空飞行时，周围的大气压远远低于地面上的正常气压，而人在气压过低时无法正常呼吸，因此飞机客舱内，会人工加压。飞机内外的气压差异变大，这时，飞机的每个部位都要承受巨大的压力，机舱的窗户也是如此。为了保证窗户能够承压，工程师们为飞机窗户设计了三层构造。

外层：使用耐久度最好的高强度玻璃制成，用于承受飞机内外的强大气压差，保护乘客的安全。

中层：也是由强化玻璃制成，它更像是外层玻璃的"保险"——如果外层玻璃破裂，中层玻璃就能在紧急时刻派上用场。

内层：内层通常不使用玻璃材质，而是使用其他材质的材料来降低隔层之间的温度差，也可以防止乘客撞到中层窗户。

机舱的窗户上的小洞是排气孔，也称通气孔，位于中层玻璃的底部。

中层左侧是高气压，右侧是低气压，很容易被气压压碎；而有了这个小孔，部分气流可以通过中层窗户，流向外层窗户，降低了中层窗户受到的压力。中层两侧的空气就可以互相流通，所有压力，都让最结实的外层玻璃来承担。如果小孔的调节作用达到了极限，最先破裂的也会是外层玻璃，此时还有中层玻璃这层保障，因此机舱仍是封闭完整的，乘客也得以继续自由呼吸。

飞机窗户的外层和中层都采用了严密的"结构窗户"，非常结实；内层密封不严，不需要承担很大的压力，因此材质相对脆弱。除了保障安全之外，通气孔还有防止飞机窗户大面积起雾、结冰的作用。在寒冷的条件下飞行时，空气中的水汽会凝结在通气孔附近，不会在窗户的其他地方产生雾气或结冰。

飞机窗户上的排气孔特写　　　　　　　机舱窗户局部特写

→ 民航飞机如何对机身进行涂装

民航客机涂装的主题各有千秋，有可爱的动物、动漫形象等。飞机涂装的目的各不相同，有的是对航空公司具有纪念意义，有的是为了宣传公司所在地的大型活动，有的是为了品牌推广，有的是为了表达与特定企业的合作，有的是为了纪念某些政治事件，有的是为了宣传某一旅游目的地，有的是为了宣传珍稀动物保护理念，有的是为了宣传当地文化。

飞机涂装也叫喷涂，包括表面处理、用油漆大面积地对飞机表面进行覆盖等工序，通过设计合理的涂层系统给飞机穿上防护外衣，主要作用是保护机身安全，保障飞机结构达到预期服役年限，因此，飞机涂装需要更多地考虑防冰、隔热、耐磨、隐身等诸多问题。

技术人员对飞机发动机进行涂装

将机身涂装成老虎的民航客机

飞机涂装并不是随意进行的。民航飞机外观涂装分为强制涂装和自主涂装。其中，强制涂装包括航空器的国籍号、登记标识、发动机工作危险区域警告标识、飞机重要应急设备安装位置标识、应急逃生门标识等。自主涂装就是我们看到的创意图案。飞机上的某些部位不能喷涂，比如飞机大翼、水平尾翼、驾驶舱风挡金属边缘、各类天线、定向机、发动机整流罩等。

在不同的飞行场景下，飞机涂装的功能也不尽相同。例如，飞机在湿热带、沿海地区飞行，要求飞机涂装具有耐腐蚀的功能；而飞机穿越雨区时，要求飞机涂装具有防雨耐磨的功能；在强烈日光照射下，需要降低太阳辐射对飞机的伤害，要求飞机涂装具有防辐射的功能；如遇大雪天气，飞机机身容易结冰，则要求飞机涂装具有防冰的功能。此外在飞机的起飞和降落过

进行过卡通人物涂装的民航客机

机身经过涂装的泰国航空飞机

程中，机翼、旋翼、螺旋桨等迎风部位会遭受空中杂物的撞击，容易受到磨损和腐蚀，因此要求这些部位的涂装应具有耐磨防腐的功能。

为改善飞机空气动力性能，飞机涂装材料应使飞机外表面光滑平整，以降低空气阻力。机载雷达的雷达天线罩需要良好的透波性能，以尽量减少雷达波的损耗，因此要求该部位的涂装材料具有良好的透波性能。

→ 飞行遇上后缘襟翼不对称怎么办

后缘襟翼是飞机的辅助操纵系统，后缘襟翼可增加机翼的面积和机翼中弧线弯度，同时增加升力以帮助提高飞机起飞或者着陆时的性能。在起飞阶段，每侧机翼上的两块双缝襟翼展开以增加升力。在着陆时后缘襟翼完全展开以增加升力和阻力，使飞机接地时的速度降低。"后缘襟翼不对称"是后缘襟翼系统的主要故障。若是出现这种故障，机长应该根据实际情况，按照非正常检查单的要求进行处置，一般可采取以下措施。

◆ 放襟翼时要根据襟翼放出的情况观察襟翼位置指示器，然后调整飞机当时襟翼位置的机动速度。观察襟翼位置指示器，及时发现"后缘襟翼不对称"的故障，避免出现后缘襟翼已经冻结，而机长还在继续操纵襟翼手柄放襟翼，造成襟翼没有放到位，而速度已经减小的危险情况。

◆ 备用襟翼电门没有不对称保护，当出现"后缘襟翼不对称"的故障时，不要用备用襟翼电门来移动后缘襟翼。

◆ 出现"后缘襟翼不对称"时，却仍存在全机动能力，这时可参照非正常形态着陆距离表，对着陆跑道长度进行计算，消耗燃油以减小着陆重量并降低进近速度。

◆ 着陆航线上保持准确速度。五边襟翼放出很少时减速较慢，俯仰姿态比正常减小，下降率比正常稍大。拉平过程中减速比正常时减速慢。

◆ 在推荐的接地点接地，将飞机飞到跑道上，稍微拉平，使可接受的下降率减小。避免飞机平飘，平飘会让飞机在跑道上消耗多余的速度，既浪费可用跑道，又增加了擦机尾的可能性。

波音 737 民航客机完全打开的襟翼

波音 747 民航客机展开的后缘襟翼

意外发生时飞机上有哪些救生设施

由于民航客机的事故一般发生在飞机的起飞和着陆阶段，现代民航客机上的救生设施一般多用于紧急迫降情况。这些设施包括应急出口、应急滑梯、救生艇、救生衣、应急供氧设备、灭火设备等。

应急出口

民航客机上的应急出口可以确保飞机在紧急迫降时乘客和机组人员能够迅速安全地撤离飞机。应急出口一般在飞机机身的前、中、后段都有，有醒目的标志，而且每个应急出口处都有应急滑梯和应急绳索。

应急滑梯

由于现代大型客机的机舱门离地有三四米，为了在飞机迫降时使乘客迅速撤离，每个应急出口和机舱门都备有应急滑梯。应急滑梯由尼龙胶布胶接而成，平时折叠好后，放在门上专用箱内，上面写有"应急滑探"字样。当飞机迫降后要使用时，只要把滑梯的一端挂在客舱地板的专用钩上，再将舱门打开，应急滑梯便会自动充气鼓胀，变得十分有弹性。

救生艇

也叫救生筏，是当飞机迫降在水面时应急脱离飞机所使用的充气艇。平时救生艇不充气，折叠包装好以后储存在机舱顶部的天花

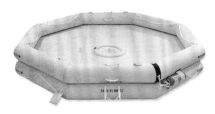

飞机上配备的救生艇

板内，需要时可立即取出并充气使用。现代客机所携带的救生艇数量根据飞机的载客数而定，当飞机迫降在水面时，应急滑梯也可作为救生艇使用。

救生衣

救生衣是飞机在水面迫降后，供单人使用的水上救生器材，可以确保紧急情况下乘客在水中的安全。救生衣放在每个乘客的座椅下，在救生衣上同时标有使用说明，而且乘务员也会给乘客做示范。

空乘人员正在介绍如何使用救生衣

应急供氧设备

现代客机上还备有应急供氧设备，每个乘客座位上方都有一个氧气面罩储存箱，当舱内气压降低到海拔 4000 米时的气压值，氧气面罩便会自动脱落，只要拉下戴好即可。

飞机上配备的应急供氧装置

灭火设备

所有民航客机上都有各种灭火设备，如干粉灭火器、水基灭火器等，以防止意外的发生，同时也可以及早发现并消灭火灾隐患。

除此之外，现代民航客机上还有应急救生电台以及自动发报的呼救装置，用于紧急呼救，急救药箱可用来救治伤员，其他还有应急照明、食物、饮料等。

➡ 飞机的金属疲劳是什么

金属跟人一样，超过了一定限度，就会疲劳。但金属疲劳同人的疲劳有着本质的区别：人疲劳后，经过一定的休息就可以恢复，而金属疲劳则永远不能恢复，因而造成许多恶性破坏事故，如轮船沉没、飞机坠毁、桥梁倒塌等。

金属疲劳是一个十分复杂的过程，从微观到宏观，受到众多因素的影响，尤其是对材料和构件静力强度影响很小的因素，对疲劳影响却非常显著，如构件的表面缺陷、应力集中等。

100多年来，人们从未停止对金属疲劳的研究，其中最让人关注的，是如何对现代化工业设备采取预防和保护措施，防患于未然。比如，选择具有较高抗疲劳性能的材料，防止应力集中，合理布局结构，提高构件表面加工质量以及采用一些新技术和新工艺等。

在人类历史上多次对飞机结构强度进行仔细检查后，人们发现，导致飞机失事的直接原因是金属疲劳。比如喷气发动机的高速转动和喷气飞机的高速飞行使飞机的零部件受力的变化次数成倍增加，它们很快就可能达到疲劳极限。此时，在并不是很大的应力作用下，这些结构就会出现断裂，飞机因之而解体。在物理力学中有一门专门研究材料疲劳现象的学科叫断裂力学。它对材料疲劳是这样解释的：一块钢板，如果你只弯折它一次两次，它不会断，但如果你将它反复弯曲，它的表面和内部就会出现裂纹，如果继续弯它几下，小裂纹就会变成大裂缝，然后断裂。这个过程可以被总结为：疲劳会引起裂缝，裂缝会导致材料断裂。所以人们根据力学以及材料学理论，为解决材料断裂的问题，采取了以下几方面的措施。首先对所使用的材料的各种性能提出了更高的要求。其次在设计上考虑了多种影响因素：譬如零部件容易在直角、拐角处产生裂缝，改进后就把这些拐角制作成圆弧形等。最后对飞机的加工装配和维护保养也提出了严格要求。

技术人员对飞机进行检查

组装厂的民航客机

在民航维修中，每架飞机都会有一套设计好的维修计划，在规定的时间内都会按照严格的规章要求进行各种维护保养以保证飞行的安全性。大到飞机外壳机翼等外视检查，小到各种精密部件的无损探伤。例如，一个零部件表面如果有划伤或擦伤，从这里就可能产生疲劳裂缝，因此规定不得使用硬的金属工具锤击零件，如果某个零件曾掉在地上出现划伤，那么就必须马上将其报废，不得再安装到飞机上。

技术人员对飞机进行维护保养

→ 飞机上的座位可以随意换吗

　　飞机的平衡指的是一架航空器的重心位置，它对飞机的稳定性、可控性以及飞行安全是极其重要的。影响飞机俯仰平衡的因素主要有乘客的座位安排方式和货物的装载位置及滚动情况、机上人员的走动、燃料的消耗、不稳定气流、起落架或副翼的伸展和收缩等。因此配载人员在安排乘客的座位时，除按照舱位等级与乘客所持客票的票价等级来安排之外，对重心影响较小的舱位尽量多安排乘客，并且在航空器起降时请乘客不要在客舱内走动，以免影响飞机的俯仰平衡和乘客的安全。

飞机上的座位分布

　　每一个航班在起飞前，地面配载平衡部门都会根据乘客的人数和所装货物的重量，计算出飞机的平衡参数，将乘客合理分布在飞机的"某一座位上"。这"某一座位"就是乘客在机场值机柜台办理登机手续时领取的登机牌上所指定的座位号，而飞行人员则根据相关的平衡参数来飞行。

　　飞机上除了要坐人，还要装货，和人有座位一样，货也要分舱位摆放；人该怎么安排，货该怎么放，如何通过科学的安排保证飞机的重心保持在安全范围之内，是配载员最重要的任务。每一架飞机起飞前，都会配备一张相应的装载平衡表。航班配载员需要提前 100 分钟开始调出货物和机票的数据，进行预配，之后再根据情况调整舱单。比如空客 A320 机型共有 4 个货舱，其中 1 号为前舱，3、4、5 号为后舱。这个机型没有 2 舱，前舱要多配点货，不然重心偏后，飞机飞不起来；1、4 号舱距离舱门近，还要留出空间放行李等。飞机起飞 10 分钟前，就必须把舱单数据交给机长，这个数据一定要与航班最后的数据完全一致，否则可能会导致飞机重心偏移，造成严重事故。

　　如果乘客对座位有要求，可以提前去值机柜台办理登记手续，在换登机牌的时候向值机人员提出要求，一般情况下值机人员会按照要求为乘客选择座位。另外，当飞机起飞后，在不影响飞机飞行安全的前提下，向乘务员提出合理的换位要求也会得到满足。

飞机座位局部特写

飞机上寻找座位的乘客

飞机上的座椅有什么特点

　　客机是为乘客服务的。乘客对某架飞机印象的好坏，很大一部分是从客舱得来的。因此飞机制造厂与航空公司都在飞机的客舱上下了很大功夫。

　　乘客进入客舱后，主要的活动都在座椅上进行，因此必然对座椅有一定的要求。座椅首先应该是安全坚固的，其次要让乘客坐得舒服。飞机在加速时，乘客会被惯性向后压，座椅会承受向后的压力；而在飞机因故紧急减速时，座椅又会受到向前的作用力。如果座椅的性能不好，就可能导致乘客身体受到伤害。因此座椅在强度上必须能耐受住巨大的冲击力。从理论上讲，飞机不会突然加速，但会突然紧急减速，因此飞机的惯性使乘客前冲的可能很大。如果安排乘客都面朝后坐，向前的冲力转移到椅背上，乘客就会安全一些。但是实际上，按照人的心理，几乎没有人愿意面向后坐，人总是愿意面朝前正对将要飞去的地方，而不喜欢看着飞过的地方向远方退去。

波音 777 民航客机的客舱

　　多数军事运输飞机为了安全，把座椅面向后安装，而客机的座位却总是面朝前安装的。这时候加装在座椅上的安全带就起了很大的作用。它与座椅紧紧连接，可以调节长度，用卡扣把乘客"捆绑"在座椅上。在飞机起飞、降落或遇到空中气流颠簸时，乘客都必须系好安全带。它的作用不仅可以防止乘客向前冲，还可以防止飞机急速下降时乘客受惯性作用被向上抛起。搭乘飞机的乘客一定不要忽视安全带的作用，要听从机上的广播或乘务员的指令系好安全带。

国际民航组织规定：大型客机在遇到紧急情况时一分钟之内必须把所有乘客全部撤离。如果座位间的距离太小，就不能达到上述要求。为此又规定：座位间距不能小于 73.7 厘米。实际情况是除了某些做短途飞行、机上服务很少的小型飞机外，大中型客机都不采用这种最低标准的座位间距。从舒适角度考虑，窄间距的座位配置不仅使长途乘客感到非常不舒服，甚至这种不舒服的姿势会导致乘客发生疾病。

安全考虑也用于客舱通道的安排上。一条纵贯机身的通道必然会占用很大的空间，特别是对于机身较窄的飞机来说更是如此。但即使是这样，这条通道也不能因经济方面的考虑而被挤占。在通道的每侧最多只能安置 3 个座位，这样坐在最靠窗的乘客只要越过 2 个乘客的座位就可以走到通道上来。20 世纪 70 年代初，航空公司开始使用载客 250 人以上的大型客机参加运营。这类飞机的机身宽度都增加了，每一排的座位都在 6 个以上，于是就安排了 2 条通道。每条通道的靠窗一侧仍安排 3 个座位，2 条通道之间最多可以安放 6 个座位。但现有的大型客机中，2 条通道之间安排座位最多的是波音 777 飞机，它安排了 5 个座位。

伊尔 -96 民航客机的客舱

伊尔 -62 民航客机的客舱

→ 飞机发生腐蚀该怎么办

　　飞机发生腐蚀有许多不同的形式，有的表面出现污点，有的会产生较深的锈斑或者是晶粒间的腐蚀。飞机上所出现腐蚀的类型包括一般的表面腐蚀、锈斑、晶粒间的腐蚀、剥落、应力腐蚀、电磁作用腐蚀及摩擦腐蚀等。

　　飞机因腐蚀带来的危害可能会造成航空产品可靠性下降，由此带来高昂的维护费用，或酿成重大飞行事故。1988年4月28日，一架阿罗哈航空公司的波音737民航客机因金属表面腐蚀疲劳造成了18英尺长的机舱蒙皮被撕裂，导致飞机出现了无法挽回的损伤，并造成多人受伤。

　　一般情况下，飞机发生腐蚀的主要原因是设计时大量使用高强材料制造飞机结构，以及飞机运营量和载货问题、环境问题等。

　　通常飞机机体容易发生腐蚀的部位有以下几个位置。

　　蒙皮（包括机身蒙皮、机翼蒙皮和尾翼蒙皮）：机身的客、货舱通常为加温增压舱，舱内的暖气冷却后形成冷凝水，金属保护层被破坏，易发生电化学腐蚀。机翼蒙皮、尾翼蒙皮、各种主操纵面和辅助操纵面蒙皮的通常都有积留的潮气以及其他腐蚀介质，易出现大面积的腐蚀。蒙皮外侧表面长期受带有尘埃的气流的冲击，易使漆层和金属保护层受损而发生腐蚀。

　　废气尾迹区：喷气式发动机和活塞式发动机的残余废气具有很强的腐蚀性，处于废气尾迹区的缝隙、接合面、交接处以及整流片等，均首先受到影响而被腐蚀。

　　电瓶舱间和电瓶通气口：电瓶液升温后生成的蒸汽难以控制，以致满溢扩散到邻近的空间，使所有未经防护处理的金属表面遭受迅猛的腐蚀侵袭。

　　舱底区域：机身舱底是天然的藏污纳垢之处，雨水、厕所污水、货物的溅泼液、外露的液油以及各种破烂都汇集在此，另外舱底也极易滞留有机气体，往往会造成大面积的结构腐蚀。

　　起落架和轮舱：舱内侧壁、顶棚的结构件表面易受污染空气和跑道脏物的侵蚀而发生腐蚀。安装主起落架轴颈的支撑接头通常为扭力盒结构，容易因积水而造成电化学腐蚀。起落架转动关节处和支柱轴颈及轮轴轴颈等处如果润滑不良而又有腐蚀介质渗入，在长期的摩擦过程中容易发生磨损腐蚀。

发动机迎风区和散热吹风管道：经常容易受到飞扬的尘埃和泥沙的磋磨、跑道上碎石土块的打击以及雨水的冲刷等，造成表面保护层破损剥蚀。

襟翼和扰流板的收进区：飞机停放时，襟翼和扰流板都在收进位置，因此汇积于舱穴内的污垢和水分不易为人所察觉，成为潜在的腐蚀敏感区。

货舱结构：飞机如果频繁运输海鲜与活牲畜等，会给飞机货舱地板结构的腐蚀带来很大的影响。舱门、舱口和接近口结构：机身舱门的机构由梁、框架、加强接头和口框加强板组成，容易构成夹缝和空腔。客、货舱门，服务门易出现人为的、结构保护层的损伤，也容易积留各种污物。飞机停放时，容易进入雨、雪和潮气。紧急窗口和其他各种工作口盖处由于长期处于关闭状态，积留在口框边缘处的雨水、脏物，易使金属口框出现以缝隙腐蚀为先导的局部腐蚀。

其他腐蚀敏感区：蓄水区、方向舵、升降舵操纵钢索，副翼操纵钢索、货舱附近的方向舵、升降舵操纵钢索等区域产生腐蚀。

除了因飞机维护与腐蚀防护的需要必须经常清洗飞机除去污垢以外，还可以使用保养防护性涂层和密封胶控制维护周期，节约时间和成本，2004 年欧美国家已尝试在飞机金属表面需要防腐维护或在防腐涂层外添加一层保护层，对于已经形成腐蚀的区域尤为适用，对比油漆不需要较长的施工准备，可以减少维修、保养、停工等费用，免去飞机每一次工作后对其进行复杂的内外干洗，目前已应用在航空和舰船中对金属表面的腐蚀防护中。

技术人员对机身进行检查

被腐蚀后的机身局部特写

→ 为何飞机上不配备降落伞

　　2013年3月24日，德国汉莎航空旗下"德国之翼"公司一架空客A320客机在法国南部阿尔卑斯山区坠毁。机上载有150人，其中多为西班牙人、德国人和土耳其人。飞机残骸找到后，法国交通部称，机上无人生还。不少网友质疑既然降落伞是飞机失控时保证机上人员生命安全的最后工具，那为何民用客机上不配备降落伞？尽管降落伞在军用飞机上得到广泛应用，但实践中出于安全性和经济性等多方面考虑，民航客机上并不配备降落伞。

　　首先跳伞具有很高的专业技术要求，每个跳伞人员在跳伞前都会受到严格的训练，跳伞技巧并非短时间可以掌握。跳伞时需要在很短的时间内脱离飞机，在空中还要能控制身体姿态并熟练地打开伞包，接地和脱离还有诸多要求。即使对于专业的跳伞人士或军队空降兵，跳伞也不是百分之百安全的事情。另外，跳伞对人的心理素质要求很高，大多数人在高处都会害怕，更别说在空中了。并且客机在设计之初，根本没有能够跳伞的位置，就算从登机口跳出去，很有可能会直接被卷进发动机，这样的后果更加严重，就算能够跳伞而且不受任何干扰，乘客也没有办法在飞机坠到地面时，全部乘客都跳出客舱。

　　其次民用客机巡航时一般是在万米左右的高空飞行，这个高度空气稀薄、含氧量低、温度很低。很多人坐飞机并没有感受到这些是因为客舱完全是一种增压密闭的状态。如果进行跳伞逃生，由于高空、缺氧、寒冷、高速气流吹袭而导致的死亡概率远大于存活率。

从飞机上进行跳伞的专业人员

民航客机基本都使用增压机舱，这意味着如果在高空打开舱门，基于气压原因乘客会像炮弹一样随着气流飞出去。高空增压跳伞需要一整套弹射装置，这个装置安装在民航客机上并不现实。而且降落伞设备占用空间大，如果一个位置搭配一个降落伞，一个降落伞大约 10 千克，那么 400 个位置就要搭配 400 个降落伞，客机负重过大会影响飞行，降落起飞的时候更容易出事故。

　　根据以往的统计数据，大多数飞行事故都不是在飞机巡航阶段发生的，飞机的起飞和降落阶段占飞行总用时约 17%，但发生事故的概率却高达 78%。这个时间段飞机的飞行高度都很低，并不适合降落伞的使用。超低空跳伞有两大问题：一是时间太短，来不及打开降落伞或者调整身体姿态；二是降落伞打开后如果时间太短则无法把下降速度降低很多，容易造成摔伤甚至死亡。尽管现在已经有技术可以为民航客机整机配备大型降落伞，但就目前而言仍很难实现配装。

专业人员使用降落伞着陆

飞机的救生滑梯是如何工作的

应急滑梯是飞机的救生设施之一，主要用于飞机在紧急情况下疏散乘客，使乘客及机组在极短的时间内，从客机撤离到地面上并且尽可能减小人员受到的伤害。

应急滑梯位于飞机舱门滑梯包内，分为"预位"和"解除预位"两种工作模式，乘务员可以通过舱门上的模式选择手柄使滑梯处于不同的工作状态。每次飞机起飞前，在完成飞行准备后，乘务人员会旋转预位手柄到预位档，这样会使滑梯包下面的系留杆锁到飞机地板上的接头内，如遇紧急情况，当乘务员打开舱门时，在拉力的作用下，会发动滑梯相关释放机构，使滑梯放出并自动充气。

每个滑梯内都有1～2个气瓶，长50～100厘米不等，气瓶内充有压力为3000psi的氮气和二氧化碳的混合物，是给滑梯充气的主力军之一。滑梯附带的吸气器，还可以在充气时通过文氏

飞机上配备的应急滑梯

管效应打开吸气器的瓣状活门，把外界空气吸入滑梯包，这样应急滑梯就会在很短的时间内充满气体。滑梯自动充气后具有一定弹性和硬度，会形成一定角度的倾斜式滑道。人员顺着这个滑道可以从客机上滑下来，快速而安全地下降到陆地上。在水上的话，滑梯还可以当作漂浮物或者救生艇使用，能承载一定数量的乘客。

但是操作滑梯时要格外小心，以防滑梯被放出，因为滑梯一旦放出，收起来就不那么简单了，还会造成很大的负面影响。应急滑梯被意外放出除了会导致航班延误，乘客满意度下降，还会导致航空公司为此付出不菲的费用，这其中不仅包括因航班延误需赔偿给乘客的费用，还有将滑梯重新收入滑梯包内的费用，仅这一项可能就需要耗资数十万元。另

外，舱门滑梯如果被意外释放，则该舱门失效，修复期间没有滑梯的机舱门不能使用，因为多少乘客对应多少个舱门是有安全要求的，这也就意味着需要减少该架飞机承运的乘客。

乘客正在使用应急滑梯

坐飞机系安全带有什么用途

众所周知，大气层分为五层，对流层、平流层、中间层、热层和逃逸层。对于飞机来说，一般都在平流层上部和对流层飞行，理论上飞机在平流层中飞行最平稳。但是因为天上飞机很多，飞机需要按照规定的高度和线路飞行以免撞机，所以具体飞行高度需要根据当地管制的指示。因此飞机在飞行过程中不可能一直是平稳的。其要根据空域情况和气象情况进行调整，在整个飞行过程中不可避免地要在对流层飞行。而对流层多云雨，气流流动较大，气象条件复杂，飞机在飞行过程中颠簸较大。飞机在两个流层之间穿插飞行的时候，也会出现颠簸现象。空中颠簸无法准确预测，发生频率较高，且难以通过目视判断，因此对高空飞行构成威胁。如果乘客在这个时候没有系安全带，后果可想而知。

2014 年，一架波音 777 在美国旧金山发生了空难，飞机在复飞过程中，飞机尾部撞到机场边的防波堤上，飞机尾部被撞掉，机身摔在跑道上坠毁，飞机的安全带在强大的外力下变形，但飞机座椅没有飞脱，所有系着安全带的旅客全部安然无恙。

空乘人员正在介绍如何使用安全带

最早的航空座椅安全带是由布料做成的，而且不能拉伸，在危险的情况下也不能轻易打开。经过不断的发展，目前飞机座椅上已经统一配备了标准宽度 51 毫米，由涤纶丙纶和尼龙等阻燃材料组成的航空座椅安全带。安全带长度可调，并有一个易于操作的快速释放装置让旅客在紧急情况下很容易用一只手打开。

飞机上的安全带可以根据旅客不同需求调整长短，并用卡扣加以固定。当飞机起飞、降落或遇到空中气流颠簸时，旅客都被要求系好安全带，结实的座椅和安全带对飞机上的旅客起到了很好的保护作用。

飞机乘客正在系安全带

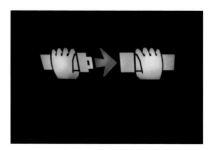

飞机上系安全带的标志

民航客机的飞机舱位是怎么区分的

民航客机一般分头等舱、商务舱和经济舱三种。

阿联酋航空的经济舱

　　头等舱一般指在飞机上的一种档次比较高的舱位。由于其价格相对经济舱昂贵，一般由一些公务人士或商务人士来选择乘坐。头等舱的航空沙发椅比经济舱航空椅更宽大舒适，排距更大，大型客机靠背几乎可放平睡觉。同时头等舱的航餐食品更加精美，饮料的选择更多，包括香槟和红酒等。

　　商务舱是第二等级的舱位，依据不同的航空公司，座椅可向后倾斜的角度为 130°～180°，座椅间隔为 127～160 厘米。提供拖鞋、眼罩以及化妆用具。商务舱的航餐比经济舱的选择更多，相比经济舱更加丰富和美味。盥洗室与经济舱有所隔离，设备也有所不同，有些还会准备手巾。对于进出拥挤的座位有困难或者不能排队等候上厕所的老年人、残疾人，或者愿意使旅行较为舒适而又承担得起的人来说，头等舱或商务舱是很有吸引力的。

土耳其航空的商务舱

　　经济舱是旅行时座位等级较低的一个舱位。飞机经济舱的座位设在客舱靠中间到机尾的地方，占机身空间的四分之三或更多一些，座位安排得比较紧密。因为价格比较便宜，所以受到很多乘客的欢迎。

　　飞机快要起飞时，头等舱和商务舱的乘客可以优先登机。经济舱乘客则需要等头等舱和商务舱乘客登机后才能排队登机。商务舱或者经济

舱可以进行升舱，一般分为主动升舱和被动升舱两种情况。主动升舱需
要补足票款，而被动升舱通常都是由于超售或者某些非乘客的因素造成
的，不需要乘客补足票款。

阿联酋航空的头等舱

第 3 章
动力系统篇

　　飞机动力装置是用来产生拉力或推力，使飞机前进的装置。现代飞机上使用得最多的是涡轮风扇发动机和涡轮喷气发动机。涡轮螺旋桨发动机也广泛应用于中小型亚音速飞机上。活塞式发动机只用于低速轻型飞机，如农业飞机、运动机和游览机。固体和液体火箭发动机仅作为起飞加速器在短时间内使用。

→ 概述

　　飞机动力装置取决于所用发动机的类型，可由下面的几大系统组成。

　　发动机及其起动、操纵系统：发动机将燃油的化学能转换为机械能，然后带动螺旋桨加速外界空气产生推力或拉力（如活塞式航空发动机和涡轮螺旋桨发动机），或者是直接向后排出燃气获得反作用力（如喷气发动机和火箭发动机）。涡轮喷气发动机必须达到一定转速才能正常工作，起动系统的主要作用就是将发动机加速到能工作的转速。根据使用要求的不同，启动方式分为压缩空气启动、电启动和小型内燃机启动三种。

　　发动机固定装置：用于将发动机固定在飞机机体上。

　　飞机燃油系统：用于存储和向发动机的油泵供给燃油，保证发动机正常工作。

　　飞机滑油系统：活塞式发动机和涡轮螺旋桨发动机减速器有许多转动部件，需要较多滑油用于散热和润滑。飞机滑油系统（或称外滑油系统）的功用是向发动机供给需要的滑油，并进行过滤和散热，保证一定量的滑油循环使用。滑油系统一般由带过滤装置的滑油箱、导管和空气滑油散热器组成。涡轮喷气发动机和涡轮风扇发动机传动机件简单，所需滑油数量和吸热量不大，发动机内部的少量滑油利用燃油散热已能满足要求，不需要在飞机上另设外滑油系统。

　　发动机散热装置：活塞式发动机气缸需要散热。气冷式发动机直接利用飞行时迎面气流进行冷却。为了减少冷却空气流量，降低阻力，在汽缸后面加装有挡流板，整个发动机加整流罩。

图-144 民航客机正面视角

在整流罩的进口或出口设置风门，根据散热需要调节冷却空气的流量。液冷式发动机的冷却方法类似于汽车发动机，用循环水或其他液体冷却发动机，而冷却液又通过蜂窝状空气散热器进行冷却。为了提高冷却效率并降低阻力，散热器通常装在精心设计的通道内。涡轮喷气发动机除尾喷管温度较高外，其他部分温度并不很高，发动机及其传动附件的散热比较简单，多从进气道引出少量空气，使其流过发动机和飞机体间的环形通道，同时起到隔热作用。

　　防火和灭火装置：包括防火墙、预警和灭火系统。防火墙实质上是设置在发动机舱周围的防火隔板。预警系统向驾驶员指示发生火情的部位，以便及时妥善处置。灭火系统能自动扑灭火情于萌芽状态，保证飞行的安全。

　　进气和排气装置：包括进气道、排气管和喷口。

第一架双发喷气客机——图 -104 民航客机

在高空飞行的波音 707 民航客机

在高空飞行的空客 A300 民航客机

→ 飞机是如何启动的

　　飞机在地面一般使用电力启动，先启动辅助发动机，辅助发动机再启动主发动机。飞机都会有一段滑行阶段，这个时候主发动机开启 20% 的功率，等到正式起飞助跑的时候，主发动机全速运行并开始加力，这便是飞机启动到升空的过程。

　　自莱特兄弟发明了人类第一架飞机，百余年来飞机经过更新换代，发动机点火方式也随之升级，从最早的人力转动螺旋桨点火，到机械操作发动机点火，再到火药启动点火和电力启动点火，飞机发动机点火经历了 4 个发展阶段。

转动螺旋桨点火

　　转动螺旋桨点火是飞机最早的点火方式。它采用人力扳动螺旋桨，借助外力使转轴转动，当螺旋桨获得足够转动惯性动能后，减压装置打开排气门，在下一个压缩冲程关闭排气门后，喷油嘴向气缸喷油，随着活塞不断压缩，缸内温度和压力也逐渐升高，气体就会燃烧产生推力，推动发动机继续转动，发动机就此完成启动过程。

空客 A300 民航客机在高空飞行

"哈克斯启动器"点火

随着发动机越来越复杂，人力启动发动机越来越难。"哈克斯启动器"点火是人类第一次借助机械动力启动飞机的点火方式。这种启动方式是在福特 T 型车上加装机械装置，将汽车发动机与飞机发动机转轴相连，把汽车发动机的动力传导到飞机发动机上，从而使螺旋桨获得最初的惯性动能，在完成油料燃烧、推动活塞循环后，解除连接的机械装置，从而实现飞机发动机的启动。

空客 A380 民航客机的驾驶舱

"考夫曼启动器"点火

"考夫曼启动器"点火主要利用火药燃烧产生高压气体，由气体推动活塞点燃油料，油料产生的高压气体又推动活塞或者齿轮啮合曲轴循环动作，整个过程如同霰弹枪发射。因此，它也被称为"霰弹枪启动器"。"考夫曼启动器"体积小、重量轻、使用方便，不仅不受环境限制，还可以内置于战斗机上，"喷火""台风""野马"等战斗机都曾装配过它，是一种使用非常广泛的启动装置。

辅助动力系统点火

二战后，辅助动力系统点火开始引领潮流。辅助动力系统实质上是一种小型燃气涡轮发动机。它在启动时是一个逐级放大的过程，先由蓄电池提供电能，带动辅助动力系统启动机转子旋转，当辅助动力系统启动机转子达到一定转速后喷油燃烧，把燃料提供的化学能转化成涡轮的机械能，并通过压气机把机械能转化为气体能量。最后，辅助动力系统启动机把空气的压力转化为带动发动机核心机转子旋转的机械能，在达到发动机启动转速时喷油点火，使飞机发动机进入稳定工作状态。

在高空飞行的 EMB-120 民航客机

→ 飞机上空调工作原理是什么

现代大部分飞机广泛采用了空气循环制冷系统。它主要是由发动机带动的座舱增压器或者由发动机引出的空气来进行制冷。高压空气经过热交换器初步冷却后，再经过冷却涡轮进行膨胀做功，使空气本身的温度和压力大大降低，由此获得所需的冷空气，冷却涡轮带动压气机、风扇、泵或其他装置。这样，高压空气中的热焓就转变为机械功，从而达到降温或制冷的目的。

空气循环制冷系统的主要优点是：设备的质量轻、成本低、调节和控制方便、可靠性较高、检查和维护的工作量小、附件在飞机上的安排没有特殊要求，特别是其制冷介质（空气）可以输入座舱以作增压之用，使座舱通风、增压和冷却可由同一系统来完成。目前主要有以下三种循环制冷系统：简单式空气循环制冷系统、升压式空气循环制冷系统和三轮式空气循环制冷系统。

空客 A320 民航客机客舱

座舱温度和空气调节系统的核心系统是提供冷却空气的空气循环制冷系统。比较先进的飞机（如空客 A320、空客 A330、空客 A340、波音 747-400、波音 757、波音 767）使用的是三轮式空气循环制冷系统，这种系统也被称为涡轮—压气机—风扇式空气循环制冷系统。在地面，当发动机以接近最小功率状态工作时，此系统可提供全冷制冷能力，因而降低了发动机噪声级，减少发动机磨损以及燃油消耗。该系统可以使用地面气源或机载辅助动力装置在地面供气，并且能给出全冷额定制冷量。由于没有单独的风扇，因此这种系统在可靠性、重量与外形等方面具有优越性。

空客 A340 民航客机客舱

波音 757 民航客机客舱

→ 飞机上使用的活塞式发动机是如何工作的

　　飞机上使用的活塞式发动机是由汽车的活塞式发动机发展而来，大多是四冲程发动机，即一个气缸完成一个工作循环，活塞在气缸内要经过四个冲程，依次是进气冲程、压缩冲程、膨胀冲程和排气冲程。发动机除主要部件外，还需若干辅助系统与之配合才能工作。

　　活塞式发动机主要由气缸、活塞、连杆、曲轴、气门机构、螺旋桨减速器、机匣等组成。气缸是混合气（汽油和空气）进行燃烧的地方。气缸内容纳活塞做往复运动。气缸缸头上装有点燃混合气的电火花塞（俗称电嘴），以及进、排气门。发动机工作时气缸温度很高，所以气缸外壁上有许多散热片，用以扩大散热面积。气缸在发动机壳体（机匣）上的排列形式多为星形或"V"形。常见的星形发动机有 5 个、7 个、9 个、14 个、18 个或 24 个气缸不等。在单缸容积相同的情况下，气缸数目越多发动机功率越大。活塞承受燃气压力在气缸内做往复运动，并通过连杆将这种运动转变成曲轴的旋转运动。连杆用来连接活塞和曲轴。曲轴是发动机输出功率的部件。曲轴转动时，通过减速器带动螺旋桨转动从而产生拉力，除此之外，曲轴还要带动一些附件（如各种油泵、发电机等）。气门机构用来控制进气门、排气门定时打开和关闭。

普惠 R-1535 飞机活塞式发动机

普惠 R-1340 飞机活塞式发动机

飞机上使用的活塞式发动机和汽车上的发动机差别不是很大。其特点是要求在同样功率下重量更轻。为了减轻它的重量，飞机发动机的每个零部件都是以克为单位精心设计的，没有一点多余的重量。活塞发动机的动力来自汽缸内汽油燃烧时对活塞的冲击，冲击力推动活塞再带动连杆，连杆带动曲轴，曲轴转动就产生动力。由于飞机飞行时所需的动力远远大于汽车行驶时所需的动力，所以飞机必须安装大功率发动机。

罗塔克斯 503 飞机活塞式发动机

飞机的辅助动力装置有什么作用

飞机辅助动力装置安装在飞机上的一套不依赖机外任何能源、自成体系的独立的小型燃气涡轮动力装置（APU），又被称为飞机的"第二动力装置"，是飞机重要的功能子系统。现在很多民用飞机上，为了减少对地面（机场）供电设备的依赖，都装有辅助动力装置。

辅助动力装置的核心部分是一个小型的涡轮发动机，大部分是专门设计的，也有一部分由涡桨发动机改装而成，一般装在机身最后段的尾锥之内，在机身上方垂尾附近有进气口，排气直接由尾锥后端的排气口排出。发动机前端除正常压气机外装有一个工作压气机，它向机身前部的空调组件输送压缩空气，在保证机舱的空调系统工作的同时还带动一个发电机，可以向飞机电网送出 115 伏的三相电流。APU 由自己单独启动电动机，由单独的电池供电，有独立的附加齿轮箱、润滑系统、冷却系统和防火装置。它的燃油来自飞机上总的燃油系统。

飞机在地面上起飞前，由辅助动力装置供电来启动主发动机。在地面时辅助动力装置提供电力和压缩空气，保证客舱和驾驶舱内的照明和空调运行，在飞机起飞时使发动机功率全部用于地面加速和爬升，从而改善了起飞性能。降落后，飞机仍由辅助动力装置提供电力照明和保证空调运行，主发动机提早关闭，从而节省了燃油，并降低了机场噪声。

在现代化的大、中型客机上，辅助动力装置是保证发动机空中停车后再启动的主要装备，它直接影响飞行安全。辅助动力装置是保证飞机停在地面时，客舱舒适的必要条件，它会影响乘客对乘机机型的选择。因此辅助动力装置成为飞机上一个重要的、不可或缺的系统。

安装在公务机下的辅助动力系统

空客 A380 民航客机尾端的 APU 排气

→ 飞机的燃油箱在什么地方

燃油是飞机的能源，燃油系统是飞机能源的供应系统。燃油箱具有足够的容量，以保证发动机正常工作。随着油箱内的油面下降，油量传感器连续发出信号，机长通过座舱内的油量表，就可以知道油箱内剩多少燃油。同时，通气管将外界空气或者增压空气引入油箱，填补油面下降空出的空间。增压油泵向发动机供油，保证发动机的燃油泵进口具有足够的油压。单向活门只允许燃油向一个方向流动，这样可以防止各油箱内的燃油串油。燃油在输油管内流动时，耗量表发出信号，机长通过座舱内的仪表就可以知道每台发动机的耗油量。然后，燃油流过油气分离器，将供油时带进去的气体或从燃油内挥发出来的气体分离出来，避免气体进入发动机的油泵内。飞机燃油系统内有时也装有油滤芯，以清除脏物、杂质，保证燃油清洁。

一般的飞机通常有三个油箱，即中央油箱、左主油箱和右主油箱。三个油箱都有相应的燃油泵并通过燃油管、单向活门等部件相连。另外在大翼的根部还有引射泵可以充分利用油箱根部的死油。使用的燃油是辛烷值很高的航空煤油，这与其燃烧值有关。在大型飞机如波音747、空客A330、空客A340在水平尾翼上还都有配平油箱，此油箱不直接参与飞机的用油，它可以用来调整飞机在飞行中偏离的姿态，必要时可以将此油箱的油输送到主油箱。另外，在机翼的两侧还有通气油箱。有些大型飞机如空客A380在平尾上还有配平油箱。一般情况下，飞机的油箱都对称地配置在机翼内。这样设计有以下几个好处。

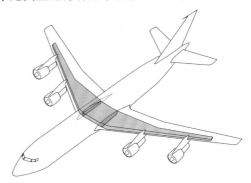

现代客机主燃油箱布局

(1) 油箱不占机身容积，有利于提高飞机的客货运输能力。

(2) 在燃料消耗的过程中，飞机重心位置移动量较小，利于飞机的飞行平衡与安全。

(3) 由于油料的重量与飞机升力方向相反，有助于减轻机翼结构的受力。

(4) 置于机翼的油箱距地面较远，在飞机强迫着陆等特殊情况下比较安全。

布置在机翼位置的燃油箱

飞机燃油箱局部特写

　　副油箱是指在飞机机身以外携带燃料的空间，常见的称呼还有辅助燃料箱。副油箱是为了延长飞机的航程或者是滞空时间，在空中加油技术出现以前，这是唯一的途径。目前仅有军用飞机在使用。

飞机的发动机如果失灵了怎么办

　　发动机几乎是飞机上所有系统的动力来源，使用两台以上发动机的商业客机，如果其中一台出现故障，就可以使用另一台继续飞行。在巡航阶段中出现单台发动机失灵的故障并不罕见，机长能够利用另一台发动机飞到最近的机场降落。而一旦两个发动机同时失效，几乎所有的核心系统都会受到影响。飞机没有发动机提供动力时，只能像滑翔机一样飘降，利用原有的高度优势，下降高度以维持最基本的速度，如果在接地之前不能成功启动发动机，就只能持续下降高度，直到接地。

　　对于波音 737 等非电传操纵的飞机，即使失去所有的液压系统，飞机仍然可以依靠直接连接于操纵面的驾驶盘来控制飞机。但是像空客 A330、空客 A320、波音 757、波音 767、波音 777、波音 787 这些双发飞机，因为其重量远远超过仅靠人力所能控制的强度，所以只能采用电传操纵。很多电传操纵系统的飞机，飞机驾驶舱的驾驶盘（驾驶杆）没有直接像波音 737 或者更小的飞机一样直接通过钢索连接至飞机的各个操纵面。使用飞机驾驶盘操纵飞机时必须依靠液压系统完成操纵。如果液压系统的功能完全丧失，飞机就很难控制飞行状态了。所以这些飞机都设计了一个叫冲压涡轮的紧急装置。

带有卵形"仓鼠袋"进气口的波音 737-800CFM56 发动机

空客 A330 民航客机发动机特写

当飞机上两个发动机都失效或发生其他紧急状况时，冲压涡轮将自动放出。冲压涡轮像一个电风扇叶片一样，因为飞机在空中飞行时，必须保持大于失速的速度飞行，这个涡轮就依靠飞机相对运动速度吹动而转动，进而带动一个应急发电机和液压泵，可以提供应急的电力和液压。应急的电力可以供给最重要的仪表和系统使用，有限的液压可以相对安全地操纵飞机。

当然，飞机也可以在一定高度启动辅助动力装置提供电力，以及在低高度提供引气供客舱增压或者辅助启动发动机。辅助动力装置通常安装在飞机尾部。虽然不能提供推力，但是能提供有限的电力和引气，而电力可以用于驱动一些液压系统，引气可以供增压使用或者启动发动机。辅助动力装置在空中可以提供一些最紧要的补充，在地面可以提供电力和空调。有些飞机辅助动力装置在空中不需要工作，只在地面工作，比如波音747的辅助动力装置。

波音737民航客机底部特写

→ 飞机客舱内的压力是如何变化的

当人们乘坐飞机时，可以在万米高空的飞机中自由活动，除了座舱内有满足人类正常生理活动的温度和湿度，还有一个重要的环境参数——座舱压力。

飞机升空后，随着飞行高度逐渐增加，周围的空气越来越稀薄，气压下降，温度也下降。在海拔4000米以上的高空，人就有较严重的缺氧表现了。到了海拔6000米的空中时，机外温度下降到–24℃，空气密度仅为地面的53%，此时人能维持有效知觉的时间仅有15分钟。早期的飞机驾驶员依靠穿上厚厚的皮质飞行服来抵御寒冷，但没办法防御低气压。1945 年以前，运输机的飞行高度都被限制在海拔 6000 米以下，通常只在海拔 600 ～ 4000 米的区间飞行。之后在飞机上添置了制氧设备或氧气瓶，不过这些也只能在应急或特殊情况下使用，不能从根本上解决问题。直到 1947 年，涡轮压气机被装进飞机，它可以源源不断地给客舱提供相当于正常大气压的 80% 的空气。从此客机的飞行高度才突破了海拔 6000 米的禁区达到 10 000 米。这种增压后的气压相当于海拔 2400 米的大气压力。这种客舱叫作增压客舱。

增压客舱是一个密封的结构。外界的空气经过增压后输送到客舱内。为了保证新鲜度，所以客舱内的空气每三分钟左右就更新一次。在喷气式飞机上，由喷气发动机的压气机提供给座舱内所需要的增压空气；对于活塞式飞机，如果需要飞到 6000 米以上，就必须加装一台涡轮增压器使空气增压。

客舱内的温度通常会调整到使人感到舒适的程度，为此客机安装了空调系统。在喷气客机中，从压气机输送过来的空气处于压缩状态，温度很高。这就需要再引入一些冷空气在空调系统内与之混合，达到使用标准后再送入客舱。客舱根据功能不同分为许多不同的区域，每个区域内都有温度表、压力表、湿度表反映该区域的温度、压力、湿度的变化，这些数据也被反映到驾驶员面前的仪表板上。机长据此可以对这些条件进行调整。在每个座位的上方，还设有可调节的送风口，乘客可以按照自己的需要小范围地调节自己周边的温度。飞机就以上述方法在客舱内形成一个小气候，尽管飞机外空气稀薄，温度在零下数十摄氏度，机内却空气新鲜、温暖如春。

BAe146 民航客机正在起飞

SSJ-100 民航客机的客舱

ATR42 民航客机的客舱

→ 飞机在空中放油对环境有没有影响

任何人类活动都会对环境造成一定的影响。为此，民航业和飞机制造商已经采取多种措施，将飞机在空中放油的负面影响降到最低。

一般来说，飞机在空中放油时，会通过雾化处理，让释放的燃油得到"稀释"。

所谓雾化，是指液体变成液态小水珠的过程。飞机在空中放油的高度一般保持在 3000 米以上。飞机放出的航空煤油经雾化后，会变成许多非常细小的油滴，这些油滴会悬浮在空中形成油雾。而 3000 米高空的低气压会带来较大的空气流动，高空风将这些油雾吹散形成油气，并在更大的范围内流动、稀释，因此其对环境的影响几乎可以忽略不计。

为了尽可能地避免污染，民航业对放油区的选择还是非常谨慎的。一般而言，放油地点大多选在海洋、山区、荒地的上空。其中，沿海地区的放油区多选择在外海上空。

当然，并不是所有的飞机都能进行空中放油。要完成这一动作，还需要机型具备这一功能。目前而言，大型民用飞机比如宽体双发、四发的民用飞机都在机翼末端设有放油管。一旦遇到紧急情况，飞机就可以通过放油管来放掉多余的航油。一些窄体飞机，比如波音 737 或者空客 A320 这样的短航程飞机，由于载油量没那么大，没有设置专门的放油设备。一旦需要紧急降落，这些机型就需要通过空中盘旋来消耗燃油，也就是机长驾驶飞机在管制员的指挥下，在特定空域内绕圈飞，以消耗所携带的燃油，直至机身重量符合降落标准。

虽然空中放油是确保飞行安全的无奈之举，但只要在机长和管制员的共同努力下，空中放油就会是一个十分安全的过程。

波音 777 民航客机正在放油

空客 A340 民航客机正在放油

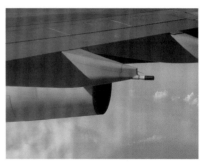

空客 A340 民航客机燃料排放孔

飞机在机场上空放掉燃油会给自身安全带来危险吗

　　飞机作为目前最安全的交通工具，其故障率相比其他交通工具还是十分低的。即便是飞机的发动机发生故障，飞机还是可以凭借另外一台发动机安全着陆。但是飞机一旦发生其他不可控的故障时，生还率却十分低，这点相比其他的交通工具来说是个弊端。所以飞机从最根本上就要预防故障的发生。

　　飞机发生事故的情况主要发生在起飞和降落阶段。起飞时因为滑翔距离不够，空气的升力不足以平衡飞机的重量，从而导致飞机有坠机的危险。在降落时，飞机同样面临着这样的危险，因为飞机降落时需要滑行，这时就需要使用飞机的起落架了，而起落架的设计是十分精细的，如果飞机的降落方向不对，容易产生巨大的冲击力，起落架不足以承受压力而导致损坏，进而引发事故。由于飞机的重量比较大，起落架不能支撑下落时的缓冲，所以在飞机降落之前，飞机会放掉大量昂贵的燃油减轻飞机的重量来保证安全。

　　但在飞行过程中，放油并不意味着可以随便排放。一般来说，城市、机场、森林上空和近地低空不能放油，放油地点应尽可能选在海洋、山区或荒原上空。机场一般也都会在其附近划出一部分放油区域。

　　另外，放油要尽可能保证在海拔 3000 米以上，这样放出的燃油会在落地前雾化挥发，不会对地面设施和人员造成威胁。

　　飞机在空中应急放油的主要方式是重力放油和动力放油。重力放油是依靠燃油自身重力将其排放出机外，动力放油则是燃油依靠设置在各油箱内的应急放油泵或燃油增压泵作为动力源，将燃油排放出机外。后者不受飞机发动机设计的位置限制，是目前应用最广泛的应急放油方式。

　　因此，飞机在机场上空放掉燃油并不会带来危险，因为放油的目的就是减轻飞机的自身重量和减少不安全因素保证安全着陆。

民航客机在放油区进行放油

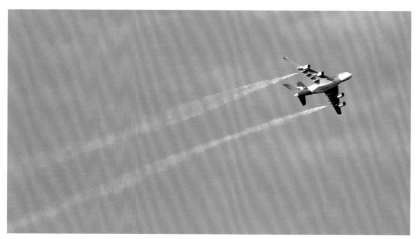

空客 A380 民航客机在空中放油

→ 飞机发动机在地面上是如何进行测试的

航空发动机作为飞机的心脏，在交付使用后需要定期进行检修，确保其工作万无一失。因此，航空发动机在研发过程中要对零部件、附件和整机进行反复的测试，确保技术性能、可靠性和耐久性符合要求。航空发动机进行故障排除工作、完成定检和大修后，也需要对发动机整机进行测试，以确保其符合继续使用的要求。

航空发动机在研发过程中的测试主要是在地面试车台上进行，然后才会装机进行试飞。排故并完成定检及大修后，除在停机坪进行一般的地面试车外，主要进行空中试飞。

目前，国际上对航空发动机进行的台架试验包括基准试验台、高空试验台和特殊试验台。基准试验台可在室内环境下完成航空发动机的大部分基础测试工作。高空试验台是在室内模拟高空飞行时的温度、气压和气流环境，在不升空的情况下，对发动机进行测试。特殊试验台用于在露天的自由空间环境中进行一部分不便于在室内环境下进行的测试。无论哪种试验台都有完善坚固的基础台架设施、发动机控制系统、试验数据采集系统和保障系统，基础台架设施将发动机牢靠固定，可以承受发动机试验时产生的数以吨计的推力，吸收高速喷流并抑制噪声，在设计上已经充分考虑到承受各型发动机的最大推力，因此，航空发动机测试时不会损坏相应的测试设施。

发动机装机后的地面试车是在停机坪上进行的，飞机不需要使用特殊的装置进行固定，而是采用设置轮档限制飞机运动的方法，将飞机牢牢固定住。在停机坪上进行试车时，为防止高速喷流吹损附近设施或危及人员安全，停机坪通常都会设置起偏转喷流作用的防吹墙。

轴流式涡轮喷气发动机示意

技术人员对航空发动机进行测试

→ 机舱里我们呼吸的空气来自哪里

　　客机的飞行高度一般在 8000 米以上，那里温度低、空气稀薄，单靠机舱内的空气是难以维持乘客需要的。所以，客机上的空气主要是飞机发动机的压缩器在高空运作时产生的。随着飞机高度的增加，发动机压缩器会自动从空中吸入空气，经过调压、调温、降低噪声、稳定气流等复杂过程，变为可供乘客呼吸的新鲜空气。而且，在机舱靠后的位置还设置了一个流出阀，能够保证使用过的空气顺利排出机舱外，进而调整机舱内部的空气质量。

　　为了使乘客的安全能够得到双重保障，每架飞机都安装了专业的应急氧气供应系统，用来应对客舱内出现意外失压的情况。一旦有任何意外发生，便携式的氧气瓶和氧气面罩就会发挥它的作用，来保障乘客们的生命安全。当发生紧急情况时，为防止客舱内失压缺氧，氧气面罩会自动脱落。不过，氧气面罩连接的并不是一个带有开关阀门的氧气瓶，而是氯酸钠、过氧化钡、氯酸钾组成的"氧气蜡烛"。氧气蜡烛用化学物质燃烧后释放的氧气作为供应源，任何除氧气之外的化学物质都被面具过滤掉了，直到化学物全部燃烧殆尽才停止。飞机上的氧气蜡烛一般持续时间在 12 ~ 20 分钟，它不像潜水用的氧气瓶又大又重，氧气蜡烛体积小巧，且然绕时稳定可靠。它们燃烧时稳定可靠。不过应急氧气供应系统存在一点缺陷，就是不能为乘客长时间地提供氧气，只起一个应急的作用。

飞机上使用的应急氧气瓶

化学制氧机系统示意

飞机客舱的氧气面罩掉落

→ 民航客机是怎么加油的

飞机加油质量要求高，加油数量大，组织实施复杂。实施程序一般按准备、实施、结束三个阶段进行。

准备阶段：根据飞行任务制定飞机加油实施方案，确定执勤人员和分工，计算油料品种、数量，选定加油方式和使用的加油装备，并进行油料重量和装备性能检查，做好加油保障准备。

实施阶段：严格按操作程序实施加油工作。

结束阶段：飞行结束后及时清理现场，登记结算。需要连续实施下一飞行场次加油时，做好换班交接工作。

一般来说，民航客机主要采取地面加油的方式。地面加油是将加油行驶至飞机停放地点为飞机加油。

目前，大型飞机均采用"翼下加油"方式，小型飞机多采用"翼上加油"方式。"翼上加油"即利用重力加油，通过加油车上的油泵将航油输送至加油口，航油依靠重力作用流入飞机油箱。"翼下加油"即利用压力加油，依靠油泵提供的压力差作为推动力，在泵压的作用下通过加油管对油箱进行加油。

执行加油任务前，飞机加油员必须穿戴好全套的工作服。

然后，飞机加油员驾驶加油车按既定行驶路线，以 5 千米 / 时的低速平稳驶入机翼下停稳，与飞机和靠近飞机的其他作业设备，严格保持安全距离。飞机加油车停稳后，第一件事是放置轮挡，确保加油过程中车辆不会发生位移。第二件事是连接加油车与飞机之间的防静电装置，这是为了杜绝静电起火的隐患。

波音 737 民航客机使用加油车进行加油

之后，飞机加油员将加油车辆地井接头，与机坪地下管网栓井对接好，设置好现场警示标识，同时连接好应急拉绳，确保意外情况下能第一时间切断油源。飞机加油员通过加油车操作升降平台，将车辆加油接口对接至飞机的加注油箱口。现场机组人员签署加油确认单，核对好加油量后，飞机加油员即可开始加油操作。飞机加油员依次打开栓井先导阀开关、车辆对应阀门开关、手握远程加油控制开关，飞机加油工作由此开始。加注等待过程中，飞机加油员们要时刻保持安全警惕，重点对周边环境进行巡查，对燃油加注压力进行监控记录，对每架次都要进行油品质量检查。

最后，飞机加油员还要进行检查复核。逐项全部确认后，才能将加油车安全驶离机翼下的加油作业区域。

空客 A380 民航客机正在进行加油

温哥华国际机场上的加油车

现代客机为何很少采用后置发动机

现代喷气式民用客机发动机的配置主要有三种形式。一是将发动机全部安装在机翼下方，如波音 767 和空客 A330；二是将发动机全部安装在机身尾部（即后置形式），如美国 20 世纪研制的 MD-80 和 MD-90 支线客机；三是前两种形式的综合，将一部分发动机安装在机翼下方，另一部分发动机安装在机身尾部（即混合配置形式），20 世纪 70 年代美国研制的 L-1011"三星"客机就采用此种配置形式。采用上述任何一种发动机配置形式都不影响民用客机的使用，而在实际应用中，需要综合考虑飞机特点，简化飞机结构复杂性以及提高飞机发动机可维修性等多种因素，选择最恰当的发动机配置形式。

采用后置发动机配置形式的现代客机数量较少，主要体现在大型民航机上，如目前投入运营的波音系列和空客系列大型民航机都采用在机翼下方安装发动机的配置形式，但支线客机和公务机仍然有相当部分采用后置发动机的配置形式。所以，从严格意义上讲，后置发动机仍然是现代民航发动机的重要配置形式之一。

民航客机目前较少采用后置发动机布局，主要有以下几个原因。

首先，后置配置发动机的维护比翼下配置发动机更复杂。后置配置发动机需要考虑机翼对发动机进气产生的影响，要避免流过机翼的气流所产生的湍流进入发动机进气道后影响发动机稳定工作的情况发

高空飞行的 L-1011 "三星" 民航客机

采用后置发动机的湾流 G650 公务机

MD-80 民航客机后侧方视角

生，需要抬高发动机的安装位置，而且发动机有一侧受机身遮挡，不便设置维护开口，维护起来不甚方便。翼下安装发动机时，安装高度低，两侧都可设置维护开口，维护更加方便。

其次，"T"形平尾布局结构比常规平尾布局更复杂。发动机采用混合配置形式时，只有一台发动机后置，置于后机身垂尾根部，水平尾翼仍可采用常规布局形式。但发动机全部后置时，水平尾翼就必须采用"T"形布局形式，也就是水平尾翼设置在垂直尾翼的顶部。与常规布局水平尾翼相比，垂直尾翼的气动特性有所不同，其水平尾翼作动机构更复杂，材料强度要求更高。一般来说，大型军用运输机由于需要设置机尾舱门以便物资装卸，所以必须采用"T"形平尾布局，民航客机无此特殊要求，因此其采用常规布局平尾，可简化飞机结构，降低成本。

波音 767 民航客机正在起飞

为何有些喷气客机也会安装螺旋桨

涡轮喷气发动机的工作原理是空气流入喷气发动机后，先经过很多叶片组成的压气机。空气被压气机压缩后，形成高压空气进入燃烧室，与燃料混合燃烧，成为具有很大能量的高温燃气并向后喷出。这些高温高压气体喷出时，会推动一级或多级涡轮高速转动，同时也会带动压气机转动。流过涡轮的高温高压气体从尾喷管高速向外喷出。向后喷出的气体会对发动机产生向前的推力。

空客 A320 客机使用的
CFM56-5B 涡轮风扇发动机

为了进一步提高喷气发动机的效率，设计师在涡喷发动机的前面加了一个直径较大的风扇，形成"涡轮风扇发动机"。通过风扇的空气有一部分从压气机、燃烧室等部件的外侧通道流过，被称为"外涵气流"；另一部分空气则照常流过压气机和燃烧室进行燃烧并向后高速喷出，这部分空气被称为"内涵气流"。外涵气流与内涵气流的流量比值，被称为"涵道比"。涵道比小的涡扇发动机主要用于轰炸机和攻击机，涵道比大的涡扇发动机主要用于客机和运输机。

涡扇发动机喷出的气流速度和温度都相对较低，有助于改善低速飞行时的效率，并降低耗油量。因此，现在的飞机基本都采用涡扇发动机。

如果在涡喷发动机的前面再加一个由涡轮机带动的螺旋桨，就成了"涡轮螺旋桨发动机"。这种发动机一般安装于对速度要求不高（一般为 400 ～ 800 千米 / 时）而对低油耗要求较高的飞机上。它和传统的螺旋桨飞机不同，其本质上还是由涡轮带动的，燃料是航空煤油；而传统的螺旋桨飞机则由活塞式发动机带动，燃料是汽油。

除了上述几种喷气发动机以外，还有一种不需要压气机和涡轮的喷气发动机，那就是"冲压发动机"。飞机在高速飞行时，流经发动机的空气速度很快，已经具有较强的压力。因此，直接利用进气道对空气的压缩就可以得到具有足够压强、直接进入燃烧室做功的空气，而无须使用压气机。这种发动机的好处是由于不采用复杂的压气机而使其结构简单，缺点是这种发动机必须在 2 倍声速以上的高速时才能工作，因此首先要采用其他手段使飞机达到所需的飞行速度。

ATR42 民航客机前侧方特写

TR72 民航客机前侧方特写

第 4 章
起降设施篇

　　飞机起飞靠的是与空气的相对运动产生的升力，升力的大小取决于飞机与空气的相对速度，而不是飞机与地面的相对速度。飞机着陆与飞机起飞的情况类似。在着陆的过程中，飞机需要在不断减速的同时保持足够的升力，确保飞机可以平稳下降。由于飞机在起降时速度比较慢，稳定性差，如遇强劲的侧风，可能发生偏转，这就增加了机长操作的难度。

→ 概述

　　喷气飞机的起飞过程包括三个阶段：地面滑行、离地和加速爬升。飞机先滑行到起跑线上，刹住机轮，襟翼放到起飞位置，并使发动机转速增加到最大值，然后松开刹车，飞机在推力作用下开始加速滑行。当滑行速度达到一定数值时，机长向后拉驾驶杆，抬起前轮，增大迎角。此时，飞机只用两个主轮继续滑行，机翼的升力随着滑行速度的增加而增大，当其值等于飞机的重量时，飞机便离开地面，加速爬升。上升到10～15米高度时收起起落架，上升到25米高度后起飞阶段结束。螺旋桨飞机由于离地后剩余功率较小，起飞过程通常分为地面滑行、离地、加速平飞和爬升至安全高度4个阶段。

　　随着飞机向高速化、重型化方向发展，现代飞机离地速度显著增加，跑道长度和起飞距离也相应加长。大气温度、压强、跑道状况以及驾驶技术都影响飞机的起飞性能。采用逆风起飞、增大发动机推力、减小机翼载荷、使用增升装置等措施，可以缩短滑行距离和改善起飞性能。重型飞机有时采用起飞加速器缩短起飞滑行距离。

　　若是单发或是双发的轻型飞机，机长

空客 A330 民航客机正在起飞

空客 A350 民航客机正在起飞

会计算起飞需要的跑道距离，确保有足够的跑道长度可以起飞。长度会再加上安全裕度，确保飞机一旦发生状况时，即可中断起飞。这类飞机所出现的任何的发动机故障大都是中断起飞的原因。

飞机降落是指飞机将速度下降至计算出的最终进场速度，并且随着速度减慢，逐渐展开襟翼以更好地帮助飞机减速，同时保证升力不变，使飞机低速飞行时不致失速而坠机，并把起落架放下锁定。当飞机通过决断高度时，如果出现不能降落的情况，应立即取消降落，开始复飞程序。

飞机降落与飞机起飞的情况类似。在降落的过程中，飞机需要在不断减速的同时保持足够的升力，确保飞机可以平稳下降。在逆风时降落，飞机可以在更小速度的情况下，获得所需的升力，从而减小接地那一刻与地面的相对速度，进而缩短滑行距离。而在顺风时着陆，为了获得同样的升力，飞机与地面的相对速度要比逆风降落时大。这使得飞机在接地那一刻的速度变大，滑行距离变长，如果控制不好就容易造成安全隐患。

波音 757 民航客机准备降落

波音 747 民航客机进行着陆滑行

→ 机场塔台有什么作用

　　塔台是一个机场里最高的建筑，是一种设置于机场中的航空运输管制设施，是用来管理飞机起降的地方。机场塔台内都设有塔台与飞机之间进行通信的设备，连接到航管人员的麦克风，扬声器可用快速拨号联络的内线及外线电话系统，从而让航管人员能彼此之间或与外面的人员特别是飞机上的机组人员通话。

　　通常塔台的高度必须超越机场内其他建筑，以便让航空管制员能看清楚机场四周的动态，但临时性的塔台装备可以通过拖车或远端无线电来操控。完整的塔台建筑，最高的顶楼通常是四面皆为透明的窗户，能保持 360° 的视野。中等流量的机场塔台可能仅由 1 名航管人员负责，并且塔台不一定会全天开放。流量较大的机场，通常会有能容纳许多航管人员和其他工作人员的空间，塔台也会保持一年 365 天全天候开放。

丹佛国际机场的塔台

以飞机起飞为例，塔台的工作流程大致如下。

在航班准备就绪后，机长会向塔台申请放行。塔台放行管制席位将按照申请进行审核，合格后将允许放行，并将飞机移交给塔台的地面管制席位。

飞机被推出机位后，地面管制席位按照合理的路线指挥飞机滑行至起降跑道一端等待。

在起降跑道空出的时候，塔台空中交通管制席位告诉机长可以起飞后，飞机滑进起降跑道，对准跑道中心线后全力加速起飞。

布鲁塞尔国际机场的塔台

飞机起飞后进入爬升阶段，塔台空中交通管制员会把飞机移交给离场指挥员，指挥飞机爬升到一定的高度，并按照离场程序进入航线。

继续飞行，飞机会被移交给区域管制员指挥。按照飞行路线长短，飞机可能要经过好几个区域管制扇区的监视和移交。

夜晚状态下的机场塔台内部

➔ 什么是机场流量控制

　　研究表明，一定空域容量条件下，航班正常率将随着流量的增大而降低。因此，目前航班延误治理最大的着手点就是空中交通管制。空中交通管制是指由在地面的空中交通管制员，协调和指导空域或机场内不同飞机的航行路线和飞航模式，以防止飞机在地面或者空中发生意外并确保各个流程环节均可以运作畅顺，达至最大效率。除此之外，空中交通管制的系统还会提供如天气、航空交通流量和机场特别安排等资料，以协助机长和航空公司等做出相应的安排。为了确保飞行和乘客生命财产的安全，可能会因为起飞机场、途经的航路、目的机场天气原因（例如，夏季的雷雨、台风，冬季的雪、冰冻），或该地区有军演、突发事件，或在某段时间内起飞降落该空域的飞机架次过多而采取航班流量限制。

巴塞罗那机场安检大厅

　　流量控制是指通过限制单位时间内进入某空中交通管制节点的飞机数量，来维持空中安全的交通流量。就是飞机在机坪或空中一架一架地排队等候放行起飞或下降落地指令。

美国某机场大厅

机场流量控制包含以下几种情况。

离场流量控制

众所周知，起飞和降落的飞机往往需要使用同一条跑道。机场跑道第一边和第五边是重合的，为了保证进出港航班的安全，进场航班拥有绝对优先权。

航线流量控制

如果航线比较繁忙，甚至已经接近饱和，即将进入这条航路的其他飞机就会绕飞等待。这种情况在空中走廊比较常见。

进场流量控制

某个机场进场航班比较多的时候，进场空域是十分繁忙的。如果所有进场航班按照预定计划依次降落，基本不会出现进场流量管制问题。但实际情况往往是千变万化的。

华盛顿杜勒斯国际机场

→ 机场为何无法接收备降航班

在飞行过程中不能或不宜飞往飞行计划中的目的地机场或目的地机场不适合着陆时，飞机可以降落至备用机场，这个备用的机场被称为备降机场，而这种行为被称为备降。

为了确保飞行安全，每次起飞前，机组都会确定本次航班的备降机场。一般来说，如果是飞机起飞后短时间需要备降，大多数情况会选择返回原起飞机场。当飞机完成了整个航程的一半距离时出现突发情况，备降就可能选在航线中段附近符合飞机通行标准的某个机场。

如果飞机已经到达目的地区域，就可能选择在目的地机场附近的某个机场，备降机场要考虑是否符合飞机的飞行标准，比如跑道是否满足该型飞机的起降要求、是否具有为该机型加油的设备、机场消防等级和机场净空情况等类似条件。

夜晚状态的旧金山国际机场

一些机场，尤其是一些小机场本身容量小，无法接纳大量航班备降。但不可否认，排除客观因素，部分机场不肯接收备降航班，也有主观上的畏难情绪。备降航班一般是长时间延误的航班，乘客情绪较为激动，容易和航空人员发生冲突，机场设施也容易被破坏，因此，个别机场有畏难情绪。同时，机场的特种车辆、停机位等都需要额外进行保障，但又不能对此征收高额费用，也造成机场接收备降航班积极性不高的局面。

在飞机备降后，所属的服务部门需要给因航班备降而下机的乘客发放过站登机牌，并且要提醒备降飞机的乘客保管好此次的登机牌以及原来的登机牌。如果飞机备降时间超过 6 个小时，机场的工作人员需要为备降飞机的乘客安排食宿。在备降乘客重新登机后，工作人员检查过站登机牌的个数与发放的时候是否有误。避免有乘客错过重新登机的时间。

埃及开罗国际机场

机场跑道有多长

机场中最重要的一个建筑设施就是跑道。跑道的性能和相应的设施决定了什么样的飞机可以使用这个机场。原则上，飞机的重量越大，它所需用的跑道就越长越宽。民航机场按照接待飞机的能力作了分类。该分类由一个数字和一个拉丁字母组成，数字只有 1、2、3、4，字母从 A 到 E。数字表示飞行场地的长度，数字越大代表跑道越长，可以起降更大的飞机。字母则表示此机场跑道所能允许的飞机主轮的轮间距离（也可以用飞机两个翼尖的距离表示）。有了适当的宽度，飞机在跑道上运动时机轮才不至于越出跑道。字母越靠后，机场跑道的宽度就越大。

　　修建什么等级的机场要根据航空运输的需要而定，不是越大越好。在高原地区，由于空气稀薄，致使飞机升力和发动机的功率降低，所以这些地方的机场的跑道至少达到4000米才行。在热带地区，因为气温高，飞机的升力下降，所以跑道也要修得长些。跑道越长，机场占地也越大，对四周环境的影响也越大。国际民航界对此已达成共识，今后发展更大的民航飞机时要从技术上改进，使新型飞机要求的起降距离，不能比现有的大型机场跑道更长。所以有的地区盲目修建超长跑道的机场是不合逻辑的。在低海拔地区，机场跑道只要有3600米就足够达到飞机起降标

准了。机场跑道的宽度取决于飞机的翼展和主起落架的轮距，一般不超过60米。一般来说，跑道是没有纵向坡度的，但在有些情况下可以有3度以下的坡度，在使用有坡度的跑道时，要考虑该跑道对性能的影响。

位于跑道近端的下滑台波束天线

飞机在跑道上滑行

法兰克福机场上的飞机跑道

→ 机场跑道的编号有什么含义

　　每个机场至少要有一条跑道，有的机场甚至有好几条跑道。为了使机长能准确地辨认跑道，每条跑道都要有一个编号，它就相当于跑道的名字一样。跑道编号是按跑道的方向划分的。所谓方向，就是机长驾机起飞或降落时前进的方向。为精确起见，采用 360°的方位予以表示。以正北为 0°，顺时针旋转到正东为 90°、正南为 180°、正西为 270°，再回到正北为 360°或 0°；每一度又可分为 60'；每一分又可分为 60"，每条跑道就以它所朝向的度数作为其编号。为了简明易记，跑道编号只用方向度数的百位数和十位数，个位数四舍五入到十位数。例如，一条指向为西北 284°的跑道，它的编号就是 28，如果是 285°，编号就是 29。同一条跑道，因为有两个朝向，所以就有两个编号。例如，一条南北正向的跑道，从它的北端向南看，它的编号是 18；从南端向北看，它的编号就是 36。跑道号都是两位数，如果第一位没有数就用 0 来表示。跑道号以宽 3 米、长 9 米的数字用明亮的白漆漆在跑道的端头，十分醒目。机长在降落过程中可以清楚地看到跑道编号，也就等于知道了飞机降落在这条跑道时的方向。如果某机场有同方向的几条平行跑道，就再分别冠以L（左）、C（中）、R（右）等英文字母，以示区别。塔台上的管制员只要告诉机长跑道号，机长就能确认所使用的跑道和起降方向。此事关系重大，有关人员谁也不能马虎弄错。

飞机的起降与风向有直接的关系。在逆风中起降可以增加空速，使升力增加，飞机就能在较短的距离中完成起降动作。早期的飞机抵抗侧风的能力不够，为了保证飞机能在各种不同的风向下起降，大的机场往往会修建两条方向交叉的跑道。现在飞机的增升能力及抗侧风的能力都大大加强了，所以新建的大机场通常只修建同一方向的平行跑道。这样的安排形式可以节约大量的用地。跑道的方向设计主要是根据当地一年中的主风向（70%的风向）来确定的，这种设计能使飞机在使用该跑道的大部分时间内得到有利的风向。

机场跑道上的编号

渥太华国际机场跑道

雪城汉考克国际机场跑道

→ 机场跑道的强度有什么要求

飞机跑道除要承受飞机的重量之外，还要承受飞机降落时的冲击力，所以跑道必须具有一定的强度。早期的飞机重量仅几百千克，只要把土地压实以后就可以当作跑道。随着飞机重量和速度的增加，对跑道的要求也越来越高，相继出现了沙石道面、沥青道面、混凝土道面等各种跑道。现在大中型机场的跑道，基本上都是采用钢筋混凝土结构建造。起降的飞机重量越大，钢筋混凝土的厚度也越厚。中型机场跑道厚度在 20 厘米以上；可以起降波音 747 飞机的大型机场，其跑道厚度在 35 厘米以上。

汉诺威机场跑道航向台站

从对跑道的强度要求来说，决定一架飞机能不能使用这条跑道，主要取决于飞机轮胎对地面的压强及飞机起降时的速度，而不单是飞机的总重量。压强是指在单位面积上所承受的力。对飞机而言，如果它的轮胎接地面积大或机轮数目多，飞机对地面的压强就小，也就可以在强度比较低的跑道上起降；此外起降速度小的飞机对地面的冲击和摩擦都较小，因此对跑道强度的要求也低。影响飞机使用跑道的其他因素还有飞机轮胎内压、飞机装载量等。为了使问题变得简单一些，国际民航组织综合考虑了各种因素后对跑道和飞机分别制定了一套它们相互适应能力的计算公式，由这些公式可计算出相互适应的具体数值。用于跑道的叫跑道道面等级序号，简写为 PCN 数；用于飞机的被称为飞机等级序号，简写为 ACN 数。飞机制造厂在将飞机交付使用时必须给出该飞机满载时的最大 ACN 数。如果飞机的 ACN 数小于或等于跑道的 PCN 数，飞机就可以无限制地使用这条跑道；当 ACN 数大于 PCN 数时，飞机使用该跑道时就会对跑道造成损害；如果 ACN 数比 PCN 数大得多，那么飞机在起降时不仅会压坏跑道，还会危及飞机的安全。有了这种评估方法，飞机在使用跑道时就有了针对性。

飞机在劳德代尔堡国际机场跑道上滑行

→ 机场跑道灯光系统包括哪些

机场灯光与机场地面标志一样，同属机场的目视助航设备，其目的是更好地引导飞机安全进场着陆，尤其在夜间和低云、低能见度条件下的飞行，机场灯光系统更是发挥着它不可替代的作用。目前的机场灯光系统一般分为进近、着陆、滑行三类。

进近灯光系统包括进近中线灯、进近横排灯、进近旁线灯、目视进近坡度指示器。

进近中线灯：在跑道外，于中心线的延长线 900 米处开始设置 5 个一排的可变白色强光灯，每隔 30 米设一排，一直延伸到跑道入口处。如果是简易跑道，则灯具纵向间隔为 60 米，至少要延伸到跑道中心线延长线 420 米处。进近中线灯 5 个灯中间的一个灯正好位于中线的延长线上，它们组成一排有顺序的闪灯线，每秒钟闪动 2 次。

进近横排灯：在距跑道入口 150 米的整数倍距离处，设置可变白色的横排灯叫进近横排灯。进近横排灯与跑道中线垂直，每边内侧距跑道中线延长线 4.5 米。进近横排灯一方面可以提示距跑道的距离，另一方面可以让机长校正飞机两翼是否水平。

进近旁线灯：从跑道入口延伸至 270 米处，每排灯的间距为 30 米，一般精密进近跑道才安装这种灯。它提醒机长此处不是跑道，不能在此降落。

目视进近坡度指示器：由多组成对灯组组成，一般分为筒式、三排式或"T"式三种。种类不同灯组数量也不同，安装的位置也有所区别。有的对称地排列在跑道两侧，多数则排列在跑道左侧。这是一排向前方照射的强光灯。在每座灯前放置一块滤光玻璃，上红下白，在灯的前方不远处有一块挡板，挡板上有可调整的窄缝。当灯光穿过窄缝，它就沿着飞机下降的坡度照射。从飞机上看这组灯光，若驾驶员看到的全是白光，则表明飞机飞得过高；若驾驶员看到的全是红光，则说明飞机飞得过低。只有当驾驶员看到的是上红下白的光，此时飞机的下降坡度才是正确的，可以安全着陆。

着陆灯光系统包括跑道入口灯、跑道边线灯、跑道中线灯、跑道接地地带灯、跑道末端灯、快速出口滑行道指示灯、跑道调头坪灯。

跑道入口灯：该灯装于跑道纵向末端或靠近跑道末端外不大于 3 米处，灯光颜色为绿色。跑道入口灯垂直于跑道中线。一般跑道安装的跑道入口灯不少于 6 个。各类精密进近跑道安装一排跑道入口灯，灯距为 3 米。

跑道边线灯：跑道边线灯沿跑道全长安装于与跑道中线等距平行的跑道两边边缘直线上，或在跑道边缘以外不超过 3 米处安装，灯光的颜色为可变白色，黄色灯光的头尾距离为 600 米或跑道的一半，一般取其中的较小者。这些灯是用来指示跑道两侧的边界的。

跑道中线灯：一般以 5 米、7 米、15 米或 30 米的纵向间隔均匀排列，从跑道入口至末端标出跑道中线。从跑道入口到离跑道末端 900 米处，是可变白色的固定灯；由距跑道末端 900 米处到离跑道末端 300 米处，是红色与可变白色相间；由离跑道末端 300 米处直到跑道末端为红色。一般来说，精密进近跑道必须安装跑道中线灯。

跑道接地地带灯：不是所有机场都设置接地地带灯，只有精密进近跑道的接地地带才会设置该灯。接地地带灯由若干横向排列的灯组组成，灯光颜色为可变白色，从跑道入口起向前纵向延伸至 900 米处，仅当跑道长度小于 1800 米时，该距离才缩短到使其不超过跑道的中间点。接地地带灯对称地布置在跑道中线两侧，其最里面的灯之间的横向间隔不小于 18 米，不大于 22.5 米。每一排灯由至少 3 个间隔不大于 1.5 米的灯具组成，各排灯间的纵向间距为 30 米。

机场的滑行道灯光系统

跑道末端灯：跑道末端灯设置在有跑道边灯的跑道的末端，灯具数不少于 6 个，设计为向跑道方向发红色光的单向恒光灯，用于帮助机长识别跑道末端。

快速出口滑行道指示灯：该灯为单向黄色恒定发光灯，设置在跑道中线连接了快速出口滑行道那一侧的跑道上，为驾驶员提供跑道上距最近的快速出口滑行道的距离信息，以便其在能见度低的条件下更好地了解飞机所在的位置，更合理地使用刹车，以获得更高效的着陆滑行和脱离跑道速度。

跑道调头坪灯：续灯是发绿色光的单向恒光灯，在低能见情况下为驾驶员提供连续引导，以使飞机能进行180°的转弯并对准跑道中线。

滑行道灯光系统包括滑行道中线灯、滑行道边灯、停止排灯、中间位置等待灯、跑道警戒灯。

滑行道中线灯：续灯沿滑行道中心线均匀设置，灯距在直线段至少要在30米以上，灯光的颜色一般是绿色，其光束只有从滑行道上，或其附近的飞机上才能看得见。

滑行道边灯：续灯是机场夜晚遍布满地的小蓝灯。它安装于滑行道两侧的边缘或距边缘不大于3米处。无论滑行道直线部分还是弯道上的灯距都小于60米，使其能明显地把弯道位置显示出来。

停止排灯：停止排灯在精密进近类跑道比较常见，横跨整个滑道，为朝着趋近跑道的方向发红色光的单向灯。该灯光的开关取决于机场管制员的指令，机长见此灯亮时必须停止滑行，以等待机场管制员的下一个指令。

中间位置等待灯：中间位置等待灯设置在距滑行道交叉口30米至60米的范围之内，横贯滑行道，朝着趋向中间等待位置方向发恒定黄色灯光，灯具至少为3个，对称于滑行道中线并与其成直角，灯光颜色为固定单向黄色灯光。

机场的跑道边线灯

跑道警戒灯：跑道警戒灯安装在滑行道的两侧，其光束是单向的，并对准方向使滑向等待位置的飞机驾驶员能看得见，用于警告在滑行道上操纵飞机的驾驶员和驾驶车辆的司机，他们将要进入一条现用跑道。

机场的跑道警戒灯

→ 机场跑道上有哪些标志

跑道上有用白漆画出来的各种标志，这些标志向飞机机长提供必要的指示和信息。各种等级的跑道上的标志不完全相同，其中最主要的标志是跑道端线、跑道号和跑道中线。跑道的起始部分叫跑道端，也叫跑道出口，用跑道端线标出。跑道的两端都有跑道端线，这是与跑道垂直的一组平行实线，长度为 30 米。起飞的飞机从这里启动加速，降落的飞机在到达此线之前必须停下来。在跑道端线前方可以看到跑道号，即一个 9 米长、3 米宽的白漆数字，以它醒目的形象让机长知道使用的是哪一条跑道。一条用断续线标志出来的中心线贯穿整条跑道。机长在飞机起飞和降落时，要时刻将机头对正这条线。飞机在起降时的最高速度超过 100 千米 / 时，在仅有几十米宽的跑道上，飞机如果不能严格准确地沿着跑道中心线运动，即使是几十分之一度的偏离，飞机机轮也会越出跑道。

大型飞机场使用仪器设施以保证飞机能准确地下降。这种着陆过程叫精密进近，它能使飞机降落时的距离误差被控制在几米之内，对具有精密进近功能的飞机，跑道上也有专设的标志来配合。跑道上用间隔的线段表示出飞机接地区域，飞机的机轮在这个区域内接触地面。在接地区标志之后，每隔 300 米，在跑道上画有 45 米长的距离标志，使机长能准确地判断距离。

大雾环境下亮起的跑道灯

客机驾驶舱视角下的跑道

→ 机场滑行道与跑道有什么不同

　　滑行道是机场的重要地面设施，是机场内供飞机滑行的规定通道。滑行道的主要功能是提供从跑道到航站楼区的通道，使已着陆的飞机迅速离开跑道，不与起飞滑行的飞机互相干扰，并尽量避免延误随即到来的飞机着陆。此外，滑行道还提供了飞机由航站楼区进入跑道的通道。滑行道可将功能不同的分区（飞行区、航站楼区、飞机停放区、维修区及供应区）连接起来，使机场最大限度地发挥其容量潜力并提高运行效率。对于交通繁忙的机场，为防止前面飞机不能进入跑道导致妨碍后面飞机的进入，可通过设置等待坪、双滑行道（或绕行滑行道）及双进口滑行道等方式解决，为确定起飞顺序提供了更大灵活性，也提高了机场的容量和效率。滑行道和跑道端处的等待坪用标志线在地面上标出，这个区域是为了飞机在进入跑道前等待许可指令。等待坪与跑道端线保持一定的距离，以防止等待飞机的任何部分进入跑道，成为运行的障碍物或产生无线电干扰。

　　飞机降落后不能在跑道上久留，因为其他起降的飞机还要使用跑道。起飞的飞机要从机坪驶向跑道，降落后的飞机要驶出跑道停到机坪上，中途经过的路段就是滑行道，即滑行道就是连接跑道与机坪的通道。一般的跑道在两端都有出口和滑行道相连。

　　滑行道的宽度由使用机场最大的飞机的轮距宽度决定，要保证飞机在滑行道中心线上滑行时，飞机主起落架外轮与滑行道道面边缘之间的净距为 1.5 ～ 4.5 米。在

指示跑道 ILS 类别的滑行道标志

滑行道转弯处，它的宽度要根据飞机的性能适当加宽。一般情况下，滑行道所受载荷比跑道更重。滑行道比跑道窄，机轮沿几乎不变的轨迹滑行。飞机在滑行道上滑行时，速度很低，机翼几乎不产生升力，特别是在起飞时，飞机以全重作用在滑行道上。同时在滑行道上，飞机运行密度通常要高于跑道。因此，飞机的总重量和低速滑行时的压强就会比跑道所承受的略高。所以滑行道道面强度要和配套使用的跑道两端的强度相等或更高。

穿过高速公路的滑行道

慕尼黑机场的滑行道

→ 机场跑道如何进行保养维护

对于一个机场来说，跑道是其运营的关键设施；对于一架飞机来说，跑道则是它全部飞行过程中最要紧的一段行程。因此，跑道在任何时候（除非机场停止使用）都不能出现缺损或被疏忽。一旦发现不足之处，必须迅速维修纠正。

对跑道的要求首先它应该是水平的（个别情况下可允许有很小的坡

度）；其次跑道应该具备一定的摩擦力。平滑的混凝土道面，摩擦力不够大，为了加大摩擦力，在混凝土道面上要开出一些 6 毫米深的槽，或者加铺一层摩擦力强的沥青。下雨时，道面上的积水会降低摩擦力，因此跑道的中间修得比两边略高出一些，每一边都做好排水沟，有利于积水迅速从跑道上排出。北方严寒的冬季，经常出现下雪天气。降雪会使跑道道面的摩擦力大幅下降，因此清除跑道积雪也是一项重要任务。

大堡礁机场的飞机跑道

机场有专门的除雪车队，装备有铲雪车、吹雪车和扫雪车。扫雪车用来清除小雪；如果下大雪甚至形成积雪，扫雪车队就要全体出动，其工作场面十分壮观。由铲雪车像推土机一样先把雪推成堆，吹雪车跟上把雪堆从跑道上吹到跑道外，扫雪车排在最后面把残留下来的雪清扫干净。有的时候降到地面的雪因气温偏高而融化成水，随后因气温下降又结成冰，这种现象用气象专业术语叫冻雨或霜。跑道上结冰比积雪还危险，工作人员要马上用盐或加热过的沙土撒在跑道上使冰融化，同时沙土也会增加跑道的摩擦力。

飞机在降落制动时，轮胎与地面摩擦很剧烈，会产生出很大的热量，使轮胎温度升高。轮胎表层的橡胶因受热而软化，可能有一部分橡胶颗粒粘在跑道上，跑道上的这段区域就会覆盖上一层黑色橡胶颗粒，它也会降低跑道的摩擦力。所以机场有关工作人员要定期清除这种污渍，目前多用机械刷除或者用高压水冲洗。

工作人员还需要经常检查跑道，看看它有没有裂缝、隆起、杂物等，一旦发现，就要立即修补或清除，否则由于飞机在高速运动，哪怕跑道上很小的杂物和缺陷，都有可能引发重大事故。

清迈机场的飞机跑道

机场航站楼有几种类型

航站楼是乘客在乘飞机出发前和抵达后办理各种手续和作短暂休息等候的场所。其基本功能是保证出发、到达和中转的乘客能迅速而有秩序地登上飞机或离开机场，同时为乘客或迎送亲友的客人提供候机和休息等场所。

早期航空运输企业在机场只建有一些简易房屋接待航空乘客。自20世纪50年代以来，航空乘客激增，客运业务繁忙的航空港陆续修建了规模宏伟、设备复杂、多功能的现代化航站楼。

奥黑尔国际机场航站楼大厅

其主要设施有乘客服务设施、生活保障设施、行李处理设备和行政办公用房等。

航站楼按登机口布置方式分为以下 4 种类型。

前列式航站楼：登机口沿航站楼前沿布置。

廊道式航站楼：航站楼主楼朝停机坪方向伸出一条或数条廊道，登机口沿廊道两侧布置。

卫星式航站楼：在航站楼主楼之外建造一些登机厅，沿登机厅周围布置登机口，而登机厅与主楼用廊道连通。

综合式航站楼：采用以上 3 种或其中 2 种形式建造的航站楼。

航站楼按其建筑物的布局可分为集中式和分散式两类。集中式航站楼是指航站楼为一完整单元的建筑物，前列式、廊道式、卫星式、综合式航站楼均属此类。分散式航站楼是指每个登机口成为一个小的建筑单元，供一架飞机停靠，乘客乘汽车可以直接到达飞机门前。建筑单元排列成一直线或弧线，组成航站楼整体。

乘客登机方式同航站楼的形式有密切关系。集中式航站楼多采用登机桥；分散式航站楼一般采用登机车和登机梯。登机车往返于航站楼和飞机之间接送乘客上、下飞机，有普通式和升降式两种。升降式登机车可以升到与飞机舱门相同的高度。登机梯有机上自备客梯和地面客梯两种，一般多在规模小的航空港使用。

伦敦希斯罗机场的卫星航站楼

仁川国际机场廊道式航站楼

→ 机场代码有什么含义

给机场编码始于 20 世纪 30 年代，航空公司通常会选择它们自己的两字代码。到了 40 年代，机场数量增多，因此机场代码开始转向我们如今熟悉的三字代码，后来又衍生了四字代码。

在空运中以三个英文字母简写航空机场名，称"机场三字代码"。"机场三字代码"简称"三字码"，由国际航空运输协会（International Air Transport Association，IATA）制定。它刊登在 IATA 机场代码目录中，是最常用的机场代码，多用于公众场合。国际航空运输协会（IATA）对世界上的国家、城市、机场和加入国际航空运输协会的航空公司制定了统一的编码，全世界至少 10 000 个机场有三字代码。一般原则是先注册，再使用。没有规划性。

在确定三字码时，首先要确保它是独一无二的，尚未被任何其他实体使用。代码的分配依据可以是机场名称、城市名称，如果这些字母已经有其他实体在用了，也可以使用一些其他有意义并且相关的识别符。

　　还有一种叫作 ICAO 机场代码的四字机场代码。全称国际民用航空组织机场代码（International Civil Aviation Organization Airport Code，ICAO Code），也称国际民航组织机场代码，是国际民航组织为世界上所有机场所订定的识别代码，由 4 个英文字母组成。ICAO 机场代码主要用于空中交通管理部门之间传输航班动态，如空中交通管理及飞行策划等。ICAO 机场代码与一般公众及旅行社所使用的 IATA 机场代码并不相同。ICAO 机场代码有区域性的结构，并不会重复。通常首字母代表所属大洲，第二个字母代表国家，剩余的两个字母则用于分辨城市。部分幅员辽阔的国家，则以首字母代表国家，其余 3 个字母用于分辨城市。

国际航空运输协会（IATA）标志

国际民用航空组织（ICAO）标志

机场特种车辆有哪些

　　机场有很多为飞机提供后勤保障以及为乘客提供出行便利的特种车辆，我们在乘坐飞机时也能经常见到。常见的机场特种车辆主要有以下几种。

　　压缩空气供应车

　　压缩空气供应车又称气源车，其专门用来提供飞机启动涡轮发动机动力，常见于本身没有配置辅助动力系统的客机。

压缩空气供应车

空厨补给车

空厨补给车又称冷藏食勤车，类似于公路上常见的冷藏大货车，二者的区别在于空厨补给车可以在货柜部分可借油压系统垂直提升到飞机的机舱高度，以滑移搬运方式方便地勤人员直接装载餐点。

空厨补给车正为空客 A380 飞机提供餐点

外部电源供应车

外部电源供应车又称电源车，于飞机发动机或辅助动力单元停止且不能自行供应机身电源的状态下，提供给航机 115 ～ 200 伏的交流电源。

外部电源供应车

冷气供应车

冷气供应车又称冷气车，通常仅客机会使用，和电源车一样，冷气供给车会在飞机发动机停止的情况下提供机舱冷气，避免先行登机的乘客于机舱等待中发生不适。

冷气供应车

飞机拖曳车

飞机拖曳车又称飞机拖车，是移动飞机时最重要的地勤工具车辆，因为大部分的民用飞机在设计上并不具备有自行后退的能力，所以推行载客和整备完成后的客机离开停机坪范围至滑行道上的重大责任皆由该车负责。飞机拖曳车有两种常见类型，一种是用拖杆系住起落架；另一种是无拖杆式，夹住机轮后拖行。

航空燃料油罐车

航空燃料油罐车绝大部分是石油公司所属并派驻于各大机场中，于飞机停靠完成后立即出现并提供飞机航空油料补给。一部分小型机场的机坪设有加油设备则无须使用油罐车。

航空燃料油罐车

飞机滑行前导车

飞机滑行前导车通常出动的原因均为到达本机场的飞机需停于特定位置从而需要引导，或是第一次到达本机场的飞机为其指引专属的滑行方向和专属的停机地点。

行李拖曳车

行李拖曳车是可见度最高，同时也是数量最多的一种地勤车辆，通常该车后面都会连接着小平板车用以运送乘客散装行李或航空货柜，少则拉 1 台，多则拉 5 ～ 6 台。

停机坪接驳巴士

停机坪接驳巴士是一种在到达机场停机坪的客机距离航站出入口过远的情况下所使用的接驳工具，为能搭载最多的乘客故其尺寸比一般公车宽大，特点是前后两端都能驾驶。

→ 什么是机场净空区

　　飞机在机场起飞降落时必须按规定的起落航线飞行，而机场能否安全有效地运行，与场地内外的地形和人工构筑物密切相关。它们可能使可用的起飞或着陆距离缩短，并使可以进行起降的气象条件的范围受到限制。因此，必须对机场附近沿起降航线一定范围内的空域（在跑道两端和两侧上空为飞机起飞爬升、降落下滑和目视盘旋需要所规定的空域）提出要求，也就是净空要求，以保证在飞机在起飞和降落的低高度飞行时，不能有地面的障碍物来妨碍导航和飞行。这个区域被称为机场净空区。

旧金山国际机场上方视角

　　机场净空区的底部是椭圆形的，以跑道为中线，它的长度是跑道的长度加上两端各 60 米的延长线；椭圆形的宽度在 6 千米以上。净空区以它为底部，向外、向上呈立体状延伸。同时在跑道的两端向外划出一个通道，这个通道的底面叫进近面，沿着下滑道水平延伸 10 千米以上。由这水平面也向上延伸形成一条空中通道。由这些平面围成的空间是为飞机起降专用的，任何其他建筑物和障碍物均不得伸入这个区域。风筝和飞鸟也在严禁之列。接近此区域的楼房、烟囱等在高度上都有限制，而且在顶部还要漆上红白相间的颜色、装上灯光或闪光灯，目的都是便于机长识别，防止碰撞。

英国希斯罗国际机场

　　目前新规定的机场净空区由升降带、端净空区和侧净空区 3 部分组成，其范围和规格根据机场等级确定。升降带是为了保证飞机起飞着陆时滑行的安全，以跑道为中心在其周围划定的一个区域；端净空区为保证飞机起飞爬升和着陆下滑安全限制物体高度的空间区域；侧净空区是从升降带和端净空区限制面边线开始，至机场净空区边线所构成的限制物体高度的区域，由过渡面、内水平面、锥形面和外水平面组成。

巴黎夏尔·戴高乐机场

→ 机场净空区的影响因素有哪些

机场净空区的地面和空域要按照一定标准来控制，机场净空条件的好坏，直接关系到乘客的生命财产安全。一旦净空条件受到破坏，其后果将会非常严重。

气象条件

气象条件的好坏，直接影响机长驾驶飞机的准确性，从而影响对机场净空的要求。气象条件根据是否能目视跑道和"T"字布等地标可分为简单气象条件和复杂气象条件。

简单气象条件是指机长在空中能够看清地标，可以用目视地标的方法来驾驶飞机的气象条件。飞机在简单气象条件下起飞着陆时，由于机长在空中能够看清地标，所以航线比较容易保持准确，不会有较大的偏差。

复杂气象条件是指机长在空中看不清地标，必须借助导航设备才能飞行的气象条件。起飞时，由于飞机刚离地，航线不会有较大的偏差。着陆时则大不相同，由于机长在空中看不清地标，只能借助导航设备来寻找机场进行着陆，这样航线难以保持准确，如遇障碍物，也难以及时发现和避开，因此，机场净空范围较大。

导航设备

飞机在复杂气象条件下着陆时，只能借助于导航设备的引导进行起飞着陆，着陆航线保持得是否准确，在很大程度上取决于导航设备性能的好坏。导航设备性能好，飞机着陆航线容易保持准确，因而机场净空范围可小一些；反之，机场净空范围大一些。一般的无线电导航设备只能在平面位置上引导飞机飞行，并且受地形影响较大，飞行航线偏差较大；着陆雷达可以随时测出飞机是否对准跑道方向和沿着规定的下滑线着陆；塔康导航系统可以提供飞机的方位和距离信息，引导飞机沿预定航线飞行、归航和辅助飞机进场着陆，并使引导精度进一步提高；仪表着陆系统可以引导飞机准确地沿着跑道中线延长线的方向飞行和规定的下滑线着陆，并且可以通过外、中、内三个指点信标台指出飞机距跑道端的距离，使机长在空中及时完成各种着陆动作。

因此，导航设备对飞机能否准确对准跑道下滑着陆影响较大。当机场配置一般的无线电导航设备时，飞机偏离跑道方向较大，对机场净空区范围要求较高；当配置仪表着陆系统时，飞机也有相应的接收信号的仪表，就能较好地保证飞机对准跑道方向，因而机场净空区范围可小一些。

美国加利福尼亚州棕榈泉国际机场 13R 跑道

飞机起落性能和起落航线

为了保证飞行安全，飞机起飞着陆时必须根据自身的起落性能沿着规定的起落航线飞行。根据飞机种类和气象条件不同，起落航线分成若干种，主要有小航线、低空小航线、直线穿云航线、双 180°大航线、直角大航线和大航线等。

每种起落航线的平面尺寸、飞行高度以及对净空区范围的要求也不一样。飞机在复杂气象条件下着陆时，多数不飞直角大航线，而飞双180°大航线。这种航线宽度较窄，飞行时油料消耗较少，对机场侧净空的限制范围也小一些，但机长驾驶过程较为复杂。

机长技术水平

飞机沿规定的起落航线飞行时，机长的技术水平越高，飞机偏离航线的距离就越小，对端净空区宽度和侧净空区范围的限制也越小；反之，则要求端净空区宽度和侧净空区范围越大。

捷克布拉格机场的机坪

航空港与机场是一样的吗

日常生活中，航空港与机场几乎是同义词，但从专业角度来看，它们是有区别的。所有可以起降飞机的地方都可以叫机场；而航空港则是民用航空机场和有关服务设施构成的整体，是保证飞机安全起降的基地和空运乘客、货物的集散地，包括飞行区、客货运输服务区和机务维修区三个部分。除了我们理解的飞行区外，客货运输服务区是为乘客、货主提供地面服务的区域。主体是航站楼，此外还有客机坪、停车场、进出港道路系统等。货运量较大的航空港还专门设有货运站。客机坪附近配有管线加油系统。机务维修区是飞机维护修理和航空港正常工作所必需的各种机务设施的区域。区内建有维修厂、维修机库、维修机坪和供水、供电、供热、供冷、下水等设施，以及消防站、急救站、储油库、铁路专用线等。

哥伦布航空港

　　航空港按照所处的位置分为干线航空港和支线航空港。按业务范围分为国际航空港和国内航空港，其中国际航空港须经政府核准，可以用来供国际航线的航空器起降营运，空港内配有海关、移民、检疫和卫生机构；而国内航空港仅供国内航线的航空器使用，除特殊情况外不对国外航空器开放。

　　航空港没有什么军用航空港以及居民航空港之分，而机场可以分为军用机场、军民合用机场以及民用机场。其中民用机场分为公共航空运输机场与通用航空机场。在民用机场中，只要有对应的航班航线，取得相关认可即可起降飞机，且不论飞机是国外或者国内的，都可在此起降。

　　大多数机场归国家、地区或当地政府所有，然后交由私人机构监管整个运作。航空港属国家基础性设施，政府提供政策性金融支持。

波特兰军民两用机场

　　总而言之，航空港必须具有一定规模条件才能配此名称，而机场无论大小，只要有飞机起降以及配备一些基础设施，即可称之为机场。而机场在某些程度上是可以称为航空港的，当然这个程度要赶得上航空港所具备的条件，所以一些小的机场以及含小型航站楼的机场是不可称之为航空港的。同时航空港的功能大于或等同于机场功能。而就地面交通配套方面来看，航空港相对成熟，配套齐全，含中转旅馆酒店（这个部分机场不含），而机场就相对简陋一点。所以一般航空港指空中交通枢纽，是客运、货运转机中心。

吉隆坡国际机场

→ 飞机机长如何辨认机场跑道

飞机跑道是机场上长条形的区域，供飞机起飞或着陆。跑道材质可以是沥青或混凝土，或者是弄平的草场、土或碎石地面，也可以是水面（水面跑道仅供两栖飞机使用）。

大型机场通常有多条跑道。为了防止机长降落时判断错误，机场会给机长提示。

首先这些跑道会根据它们的磁方位角而被命名，其方位角同时指明了该跑道的使用方向，即使用跑道时航空器的运动方向。命名的基本原则是取跑道磁方位角的前两位数或者四舍五入后取前两位数，所以可能有不同方向但是同名的跑道（比如磁方位角分别为 173°和 179°的两条跑道，它们都可以叫作 17 号跑道）。由于跑道可能是双向使用的，因使用方向变化，跑道对应的磁方位角也发生变化，所以跑道两端对应不同的名称。上述磁方位角变化为 180°，所以只要将其中一个跑道的数字名称上加或减 18，就能得到跑道另一方向的名称。如果机场有超过 1 条方向相同的跑道，它们便会在数字之后加以"L""C""R"来区别，其分别代表左（Left）、中（Center）和右（Right）。例如"15L""15C""15R"指三条互相平行，方位角均为 150°的跑道。

客机从机场跑道上起飞

跑道旁用于测量跑道视程的透光仪

固定翼飞机和直升机在起飞及着陆时通常都需要逆风进行，这是为了在保证有足够升力的前提下尽量降低飞机的地速（即航空器相对地面的运动速度），以便减少飞机在跑道上的滑行距离。所以根据当地的常年气象条件，有些机场会建有多条不平行跑道，以便在不同季节的不同风向下都可以使用；对于只有一条跑道或多条平行跑道的机场，其跑道方向通常与当地盛行风的方向一致。

飞机为何不靠廊桥停放

目前，登机方式有两种，第一种是近机位靠桥，也就是飞机直接停在航站楼前，由廊桥对接后连通候机厅和飞机。廊桥中没有楼梯，由于飞机舱门的高度不同，所以廊桥对接后廊桥与地面有一定的坡度乘客可以轻松方便地上、下机。由于航班过多而机场又无足够的近机位提供给航空公司或是因为其他原因无法靠桥，飞机只能停在离航站楼较远的停机坪上，这样登机乘客需要从航站楼中搭乘摆渡车到达远机位后下车通过云梯车（也就是楼梯车）登机。

飞机不靠廊桥停放的原因有以下几种。

（1）由于航班密集，廊桥数量不够；

（2）停靠的飞机机型与桥位要求的机型不相符；

（3）航班延误，廊桥留给其他飞机了，看上去空的廊桥其实马上就有飞机来停靠；

温哥华国际机场的玻璃罩廊桥

（4）由于海关监管原因，国内航班接飞国际航班时，要求停在远机位；

（5）航空公司临时改换了机型，原机型偏小无停靠计划的，更换后机型按原计划不停靠；

（6）为保证早班高峰时段航班可以正点进港，早晨进港时间较早的航班，会被安排停在远机位；

（7）基地公司飞机要做航后工作，如检查、试车、清洗、除冰等工作必须停在满足条件的远机位；

（8）同一架飞机进、出港停留时间超过 4 个小时，也会被安排停在远机位；

（9）带有国内段的国际航班，根据边防检查、安全检查的要求，为了确保国际、国内乘客能够有效分流，也会被要求停在远机位；

（10）也有一些为了节省排队时间，停放在接近维修工作区域方便基地公司维修的远机位。

法兰克福国际机场的廊桥正连接至一架空客 A380 客机

科罗拉多州丹佛国际机场的不透明廊桥

→ 飞机备降与迫降有什么区别

飞机在飞行过程中不能或不宜飞往飞行计划中的目的地机场或目的地机场不适合着陆，因而降落在其他机场的行为被称为备降。

备降机场一般在起飞前都已预先选定好。在每一个航班起飞之前，当班机长签署的飞行计划中都必须至少明确一个条件合适的机场作为目的地备降机场。备降机场包括起飞备降机场、航路备降机场和目的地备降机场。

一般来说，如果是飞机起飞后短时间内需要备降的，大多数情况会选择返回起飞机场；当飞机完成了整个航程的一半距离时，备降就可能选在航线中段附近符合飞机通行标准的某个机场；如果飞机已经到达目的地区域，就可能选择在目的地机场附近的某个机场备降。备降机场要考虑是否符合飞机的飞行标准，比如跑道是否满足该型飞机的起降要求，是否具有为该机型加油的设备，机场消防等级和机场净空情况等条件。

波音 787 民航客机正在降落

而发生备降的原因有很多，主要有航路交通管制、天气状况不佳、预定着陆机场不接收、预定着陆机场天气状况差低于降落标准、飞机发生故障等。

空客 A380 民航客机正在降落

迫降属于一种紧急情况，是飞机因特殊情况不能继续飞行时的被迫降落，通常是在飞机燃料用尽、机上起火、出现了重大故障等情况下进行。

飞机备降与迫降的区别在于备降是有准备的降落，机长有足够的信心安全落地和选择降落机场。而迫降必然是在紧急情况下发生的，是机长无法选择的，是为了保证安全只能按当时发生的特殊情况作出的应急反应，是机长无法评估和确定的一种将安全保障在最低限度的动作。迫降时机长无法保证飞机能降落在机场或者机场外任何地带，无法选择和预测飞机能否安全落地。

飞机着陆时怎么降低速度

现代的飞机以其高速、安全和快捷著称，载着不同地区的乘客往返于世界各地。当高速飞行的飞机降落到地面时，必须降低速度。降低速度方法之一是利用反推力装置。反推力装置是产生与飞机飞行方向相反推力的设备，发动机工作时，大量的气体高速向后喷出，产生与飞机飞行方向一致的推力，推动飞机克服空气阻力向前飞行。反推力装置将发动机喷出的气体折向发动机前方，使气体向发动机前方喷出，产生与飞机飞行方向相反的力，即反推力。一般采用折流板挡住排气流，使气流斜着向前喷出。当着陆时，阻流门打开，外涵气体偏转方向，产生向前的推力，帮助飞机更快地减速。

使用反推力装置的空客 A310 民航客机

飞机在夜间进行着陆

还有一个方法是机轮刹车。飞机降落滑行过程中，气动阻力与机轮滚动阻力对飞机的减速作用比较小。飞机需要设法增大飞机的阻力，使之迅速减速，缩短着陆滑行距离与滑行时间。机轮刹车装置是主要减速装置，驾驶员操纵刹车时，液压油进入固定在轮轴上的刹车作动筒，推动刹车片，使动片和静片压紧。由于摩擦面之间的摩擦作用，增大了阻止机轮滚动的力矩，所以机轮在滚动中受到的地面摩擦力显著增大，飞机的滑行速度也随之减小，能有效地缩短飞机的着陆滑行距离。

再就是扰流板。按作用不同分为地面扰流板和飞行扰流板。地面扰流板只能在地面使用，当飞机着陆时，地面扰流板可完全放出，从而卸除机翼的升力，提高刹车效率，增大阻力，进而缩短飞机的着陆滑行距离。飞行扰流板既可在空中使用，也可在地面使用。飞行扰流板在地面使用时，与地面扰流板相似。

飞机即将在跑道上着陆

→ 飞机着陆时是怎样对准跑道的

飞机在着陆前，必须首先对准跑道。民用飞机在千米以上的高空以每小时以 800~1000 千米的速度飞行，要逐渐实施着陆，这个过程是有相当大的难度的。飞机要逐渐减速、下降高度，对准跑道的中心线，不能有丝毫偏离和差错，还要正好落在跑道上的接地区内。接地过早，飞机会陷入没有道面的土地里；接地过晚，刹车距离不够长，飞机会冲出跑道。下降时的飞机与地面必须呈一个合适的角度，一般在 3°～ 5°。角度过大，飞机会硬撞到地面上，轻则使机内乘客受到很大的震动而感到很不舒服，重则使飞机的结构受到损害。机长在很短的时间内完成上述这一系列动作需要全神贯注，准确操纵才能保证万无一失，这的确是一种非常难以掌握的技能。过去的机长主要靠勤学苦练的过硬本领以及丰富的飞行经验来保证飞机安全着陆。

　　早期飞机完全就是依靠机长目测对准跑道落点位置的，这也是机长的基本功。而在科技发达的今天，大多数民航客机采用仪表飞行程序，使用的是仪表着陆系统（Instrument Landing System，ILS）。

　　仪表着陆系统是民航客机中应用最广泛的飞机精确进近和降落引导系统。其原理就是由地面上的航向台，通过无线电向飞机发射左右频率不相同的辐射波。飞机从下降时就会开始搜索这个信号，如果飞机接收到的两束辐射波强力不同，哪边强度高，飞机就是偏向哪边。如果接收到的两束辐射波强度相同，说明飞机就在两束波的交线上，也就是在跑道中心线上。飞机接收辐射波后，相当于在跑道和飞机之间，建立了一条虚拟路径，飞机沿着正确的路径飞向跑道，并且平稳下降高度，就可以在跑道上精准、安全地着陆。

机场正在绘制跑道识别号码

孔戈尼亚斯机场的跑道表面特写

直布罗陀国际机场的跑道

→ 飞机起飞后，起落架为何要收起来

　　起落架是飞机具有承力兼操纵性重要的部件，在飞机安全起降过程中，担负着极其重要的使命。起落架是飞机起飞、着陆、滑行、地面移动和停放所必需的支持系统，是飞机的主要部件之一，其性能的优劣直接关系到飞机的使用安全。

　　起落架是飞机的主要部件之一。当飞机起飞后，可以视飞行条件收回起落架。

　　航空技术发展到今天，绝大多数飞机在起飞后都要收回起落架。主要原因是飞机的飞行速度很快，倘若将起落架暴露在外，将严重影响飞机的气动性能，阻碍其飞行速度。为了减少这种阻力，飞机起飞后，起落架会被收入机身或机

空客 A380 民航客机的 20 轮主起落架

翼的隔舱中。当隔舱关闭后，飞机具有很好的流线外形，使其阻力减小，加快飞行速度。

飞机在飞行过程中收回起落架，是受到鸟类飞行中将脚爪收起的启发。飞机的可收放式起落架较固定式起落架相对复杂一些，也增加了部分重量。相比高速长途飞行的喷气式飞机来说，收回起落架更有利于飞行。简而言之，收回起落架就是为了减少阻力进而降低油耗。

例如，波音 737-800 飞机在距离目的地机场 91 海里的地方，高度 12 500 米就放出起落架，飞行时间 21 分钟，增加的阻力让飞机多消耗的油量约是 280 千克。

航空公司的飞机为了省油，巡航高度大多数处于对流层，一方面是因为不想增加燃油来爬升高度，另一方面则是因为强大的空气压力，飞机巡航时，大多处于七八百千米的巡航时速，一旦放下起落架，瞬间会被吹断，一般的客机只有在速度小于 400 千米 / 时的情况下，才会放下起落架。

然而并不是所有飞机都需要收回起落架，如螺旋桨初级教练机就不需要收回起落架。早期低速的飞机，由于起落架固定、结构简单，低速飞行时，对气动性能影响不大，一般都不需要收回起落架。如果轻型飞机要收回起落架，则需要增加液压设备重量和降低机体强度，同时这些轻型飞机不需要高航速，因此对空气阻力的限制没有那么大。

空客 A330 民航客机的前起落架

波音 747 民航客机的可伸缩主起落架

→ 飞机起飞前为何有时要在跑道上等一会儿

飞机起飞都有标准的操作程序，以确保飞机各系统工作正常，并保证飞机安全起飞。

飞机起飞前经常在跑道前停留几分钟，其实在这几分钟内，机长正在与地面指挥中心核实航路信息。由于飞机飞行的过程中具有很多不确定性，为了更加准确、安全，机长首先就要和地面指挥中心多次对跑道、风向以及离地航道进行严格审核与调整。例如跑道，如果上错了跑道，后果是不堪设想的。而风向和风速的变化，比跑道还要重要，因为风向和风速关系到飞机飞行的阻力。

亚特兰大机场的滑行道

其次是客机降落通常会按照一边到五边的进场顺序进场。一些客运流量比较大的机场。航班的起降也更频繁。要进场或者离场的航班占用了机场跑道，就会造成飞机要在跑道前停留一会儿，直到跑道和上空没有别的飞机干扰时才能顺利加速起飞。

最后是一些意外情况。比如机场上空周围有大侧风、强气流或者风切变的干扰，这种极端情况下，客机也是不允许起飞的。

从保障喷气发动机稳定工作的角度看，起飞加速时，机长松开刹车后，需要柔和一致、先慢后快地前推油门杆，当发动机转速达到后，推力使飞机从原来的静止状态转入滑行运动状态。待飞机开始滑行后，机长将油门前推至最大状态直至前推至加力状态，用发动机的最大推力推动飞机加速滑行至离陆速度，飞机平稳离陆上升。

滑行道上的位置标志

飞机在奥黑尔国际机场滑行

→ 飞机降落后为何还需要引导车

每次当飞机顺利降落在跑道上都需要慢慢地驶向航站楼。不少大型机场停机位很多，站坪上的车辆、飞机运动情况复杂，为了有效防止出现运行冲突的状况，保障飞机地面运行的安全，就需要引导车对飞机实施引导。

　　引导车的涂装一般都是黄色的，在后风挡上贴着明显的反光标志字样或者在荧光灯屏上显示"follow me"。另外引导车的车顶上都有黄色的警示灯，当引导车在等待飞机或者非执勤状态时警示灯是关闭的，开始实施引导工作时警示灯才会打开。车里有车载电台，驾驶员随时监听航班运行情况，在管制员指定的机坪入口处等待进港航班，引导车是塔台上站坪管制员的有效助手，它们将管制员的管制指令在飞机机组面前真实地展示出来，飞机只要跟着相应的引导车就可以安全滑行至停机位。引导车的运行权限很大，因为管制员发出的滑行指令只能精细到具体的滑行道和跑道，但在站坪上由于滑行路线情况比较复杂，引导车就会根据实际站坪运行情况进行滑行路线的选择，对于在飞机计划滑行路线上未能及时发现引导车的车辆和人员鸣笛进行提醒。飞机引导到位后引导车就会关闭车顶警示灯迅速脱离飞机滑行路线。

　　飞机在引导车的引导下来到接近廊桥位置后就由机务工作人员通过语音和手势将飞机引导到停机位，连接上廊桥之后乘客就能顺利下机了。

停在机场上的民航客机与地面引导车

地勤人员协助客机跟随地面引导车

地面引导车正面视角

→ 飞机的轮胎会发生"爆胎"吗

　　根据相关法规，客机轮胎必须能够在承受其额定压力 4 倍的环境下保持 3 秒，才能算合格。而最结实的飞机轮胎则能在飞机以 460 千米 / 时的速度下平稳着陆，所以飞机轮胎"爆胎"是一件很困难的事情。不过也曾有过飞机轮胎"爆胎"的记录。2016 年 3 月 15 日，印度航空一架载有 161 人的空客 A320-200 客机在位于印度孟买机场着陆时发现该飞机的主轮两条轮胎爆裂，不过这并不影响飞机降落时的稳定性。

　　目前民航飞机的轮胎强度非常高，而且几乎都是双轮并装，如果其中一条轮胎爆裂，另外一条轮胎完好，再加上经验丰富的机长，基本上飞机都可以平安起飞或降落。如果飞机起飞后某个轮位的所有轮胎爆裂，通常会比较危险。因为一般飞机不会携带备胎来随时更换，所以大部分情况下需要机长进行"硬着陆"，这不仅会损伤飞机部件，而且可能有意外发生。经验丰富的机长通常可以控制好飞机的"硬着陆"姿态，降低人员损伤。所以如果仅仅因为轮胎爆裂，而没有其他连带的意外，飞机几乎不会发生空难。

　　飞机轮胎之所以被造得异常结实，都是因为其内部的尼龙绳和一种名为芳纶的合成聚合物，这些材料被嵌在橡胶里，能够帮助轮胎抵抗更大的张力。而轮胎壁也不是特别厚，轮胎的强度取决于胎面下面的帘布层。轮胎帘布层通常是尼龙材料，但现在芳纶材料的用量变得越来越多。轮胎的帘布层数越多，其承载的载荷和气压承受能力也就越强。当然，飞机轮胎也会出问题，特别是在轮胎气压不足或过载的情况下，飞机轮胎的胎面会发生脱落，胎内的帘布层也会发生爆裂。

虽然轮胎内分为很多层，但飞机轮胎并不是很大，以波音737飞机的27×7.75R15型轮胎为例，该型号轮胎直径68.58厘米，宽19.69厘米，轮毂直径38.1厘米。相比来说，半挂卡车的轮胎远比飞机的轮胎要大。

飞机不仅重量大，而且降落时速可达258千米。在这样苛刻的条件下，飞机轮胎还拥有如此优越的耐用性，主要是因为飞机轮胎能够承受相当高的轮胎气压。例如波音777飞机安装了14个轮胎，空客A380飞机安装了22个轮胎，安-225飞机安装了32个轮胎。而且波音737飞机的轮胎气压为1.378兆帕，是汽车轮胎气压的6倍。将气体压缩到这种程度时，气体的强度就变得很高了。

在飞机着陆后，由于机体速度很快，在刚接触地面的一段时间内轮胎处于打滑状态，其间会伴随轮胎的磨损和撕裂，直到车轮的转动速度赶上飞机的速度。为降低磨损，飞机轮胎胎面一般是直线的凹槽花纹，而不是汽车轮胎胎面那样的块状花纹，块状花纹抓地能力更强，却不适合承载飞机在地面滑动。因此飞机轮胎滑动是导致磨损的主要原因。故而在飞机轮胎使用寿命结束前，需要进行多次翻新。

专业人员正在检查飞机轮胎

波音777民航客机使用的轮胎

飞机轮胎正面视角

飞机场的登机坪有哪些布局

　　登机坪决定着航站楼的基本设计。早期设计的航站楼是单线式。飞机停放在航站楼外，一字排开，乘客从航站楼出来以后用登机梯登上飞机。这种设计的航站楼前不能停放多架飞机，乘客还要在露天地上步行一段距离后才能登机。这种设计的航站楼，现在除了一些小型的机场还在使用外，大型航空港都已不再使用了。

　　为了方便乘客登机，20 世纪 40 年代出现了登机廊桥。这是一个可以与登机门对接的活动长廊。它可以在一定角度内围绕着登机门转动，它的下面由车轮驱动，高度可以被调整。乘客出入机舱均可通过廊桥，然后直接进入航站楼，既安全又舒适。由于使用了登机廊桥，随后设计的航站楼造型及飞机停放的位置也相应做了改变。飞机的停机位置变为机头向着航站楼，使登机廊桥能对接到飞机的前舱门，为此，登机廊桥的侧方绘有各种标志以便机长把飞机停放在准确的位置上。

维也纳国际机场的停机坪

由此建造的航站楼变为两种形式。第一种叫指廊式，从航站楼伸出一条或两条长长的手指状的走廊，在走廊的两侧安置登机廊桥和停机位，停机量较以前大大增加。这种建筑形式现在已被大多数机场所采用。但它也有缺点，那就是乘客从候机厅到登机口，不同的登机口之间步行的距离相差很大，这对于在指廊远端登机或者是中转飞机的乘客来说尤其不方便。在美国芝加哥的奥黑尔机场，最远的换机距离竟达 2000 米。现代新建的航站楼都安装了电动人行步道，减轻了乘客步行的困难。

第二种形式是卫星厅式。它是在航站楼外设定的距离上又修建了一个或数个卫星厅，在卫星厅设有乘客登机廊桥，飞机停靠在卫星厅外，乘客通过专用通道由航站楼进出卫星厅去上下飞机。一个卫星厅可以供多个航班使用，乘客搭乘各个航班的登机距离几乎是相同的。卫星厅式航站楼建造成本比指廊式的要高，而且建成后不易扩展。

克莱顿·劳埃德国际机场

为了降低成本，一种改进了的原始的登机方式也在被采用，它不需要上述的建筑投资，这就是使用地面车辆将乘客接送到停机坪或航站楼。

其优点是节约了建设成本，缺点是增加了服务人员的数量。有的机场为此设计出了一种移动式登机廊桥，其外观很像一辆大客车，但车的底部装有升降设备。乘客乘此车驶到飞机旁，此时车厢整体升起，车门对准飞机舱门，乘客就可以不费力地进入机舱内。大型机场可以有不止一座航站楼和登机机坪，在同一个机场内可以使用有不同类型的航站楼和登机机坪的混合布局。

广岛机场的停机坪

起落架抵抗摆振的能力主要取决于什么

摆振是起落架的一种自激振动，它是由起落架结构或轮胎的侧向弯曲变形和扭曲变形之间的某种耦合引起的。振动开始时机轮有小的角位移（转向），飞机在滑行过程中机长会用转弯手轮或方向舵控制飞机方向，这时飞机沿着跑道保持它原来的轨迹。如果侧向弯曲变形滞后于扭转变形，轮胎上的摩擦力将使轮胎恢复到无位移位置，但超过中立到有限位移之外将会引起相反方向摩擦力的产生。

在摆振时，不管起落架有什么样的固有结构阻尼，飞机的向前运动都能激起这样的振动，该振动可以迅速分散导致飞机结构的严重破坏的强烈大幅位移。起落架的几何特性是产生摆振的重要因素之一。例如，四轮小车式起落架在抗扭刚度方面要优于两轮起落架，空客 A330 飞机主起落架是四轮小车式而前轮是两轮起落架结构，所以空客 A330 发生摆振时往往是由前轮引起的。

起落架抵抗摆振的能力主要取决于起落架侧向弯曲频率、起落架扭转频率、起落架频率比、机轮有效稳定距离。

起落架侧向弯曲率是它侧向位移的频率，当该频率减小时，为使起落架稳定，就会要求更高的稳定性和阻尼。起落架的扭转频率是它绕自身垂直轴扭转或旋转的频率。起落架频率比定义是扭转频率和侧向弯曲频率之比，频率比表明总的起落架稳定性。机轮有效稳定距离是起落架扭转轴和机轮中心之间的距离，机轮有效稳定距减小时，起落架将会变得更稳定。

窄体飞机的主起落架

波音 747 民航客机的起落架

空客 A340 民航客机的底部特写

直升机为何可以垂直起降

直升机的优点很多，其中一个最主要的特点就是垂直起飞。直升机垂直起飞的奥秘在于它的旋翼。当直升机在地面处于停放状态时，旋翼桨叶因重力的作用会呈自然下垂状态。当直升机引擎启动，带动旋翼不断旋转，桨叶上方的空气流过其表面，流速变快，形成较小的压力；桨叶下方的空气流过其表面时，流速变慢，形成较大的压力。这样一来，桨叶的上下就形成了一个比较明显的压力差，压力差致使桨叶上方产生一个向上的拉力，当拉力大于直升机自重，直升机就上升；小于直升机自重，直升机就下降；刚好相等，直升机就悬停。

但是，根据牛顿第三定律：相互作用的两个物体之间的作用力和反作用力总是大小相等，方向相反，作用在同一条直线上。所以当直升机的旋翼旋转时，势必对直升机产生一个反作用力矩，直升机机身会"不由自主"地旋转。

空中悬停的 S-92 直升机

为此，设计师绞尽脑汁，想出了很多控制反作用力矩的方法，比如在直升机上安装两个大小相等，而旋转方向相反的旋翼来抵消相互之间的反作用力矩。或者，通过在机尾安装一个

停放在停机坪上的贝尔 -206 直升机

垂直旋转的小旋翼，专业术语称之为尾桨，通过尾桨产生"拉"或"推"的方式来抵消反作用力矩，同时，通过控制尾桨产生的"拉力"或"推力"的大小，能够达到让直升机偏转的目的，从而实现对直升机的转向的控制。

随着科技的进步，未来的直升机用途也会越来越广泛，如紧急救援、快速搜捕、处置突发事件等，这将为社会发展提供更为便捷的服务。

飞行中的贝尔-407直升机

第 5 章
电子设备篇

一个最基本的航空电子系统由通信、导航和显示管理等多个系统构成。航空电子设备种类众多，针对不同用途，这些设备从最简单的警用直升机上的探照灯到复杂如空中预警平台无所不包。

→ 概述

在 1970 年之前，"航空电子设备"这个词还没有出现，那时航空仪表、无线电、雷达、燃油系统、引擎控制以及无线电导航都是独立的，并且大多属于机械系统。

伴随着电子工业走向一体化，航空电子市场蓬勃发展起来。在 20 世纪 70 年代早期，全世界 90％以上的半导体产品应用在军用飞机上。从 20 世纪 70 年代末开始，航空电子提示已逐渐成为飞机设计中的一个独立部门。

推动航电技术发展的主要动力来源于冷战时期的军事需要而非民用领域。数量庞大的飞机变成了会飞的传感器平台，如何使如此众多的传感器协同工作也成为一个新的难题。时至今日，航空电子在民用市场正获得巨大的成长。飞行控制系统、苛刻的空域条件带来的新导航需求也促使开发成本相应上涨。随着越来越多的人将飞机作为自己出行的首要交通工具，人们也不断开发出更为精细的控制技术来保证飞机在有限空域环境下的安全性。

飞机上的任何设备都必须满足一系列苛刻的设计约束。飞机所面临的电子环境是独特的，有时甚至是高度复杂的。随着飞机及机组人员越来越依赖于航电系统，这些系统的健壮性便变得非常重要了。建造航空电子系统的一个必要因素就是要求飞行控制系统在任何时候都不能失效。然而，飞机上任何一种系统都对健壮性有一定程度的要求。

从航空电子工业的发展初期开始，如何将众多的电子系统连接起来，密切有效地使用各种信息就是一个令人头疼的问题。当初如何在离散数据线上传递开关变量的简单问题，而今已演化为如何协调光线数

波音 727 民航客机的驾驶舱

据总线上传递的飞行控制数据的繁杂问题。空前复杂的软件也被用以应付空前苛刻的航空标准。在今天，系统集成已成为飞机工程师们所面临的最大问题。不管一架飞机如何小，一定程度的集成也是必不可少的（例如电力供应）。大型飞机项目经常需要数百名工程师来集成这些复杂系统。

飞行环境不同，系统用途各异。如今所有的航空电子系统都需要通过特定水平的环境测试。测试的形式多种多样，许多飞机生产商更会预先规定如何测试。随着航电设备的广泛应用，各种适航认证（如英国的 CAA 或美国的 FAA）制定了这些设备必须满足的性能标准。制造商则在此基础上制定了这些设备必须满足的环境标准。这些标准规定了航电制造商所必须遵循的飞机零件测试方法及等级。例如盐水喷射、防水性、模具成长，以及外部污渍之类的测试。

飞机上的所有零部件都要定期接受系统安全性分析。在航电领域，这项工作主要是由各个国家的适航认证部门来执行的。对于民用飞机，总是由 FAA 或者 EASA（JAA）来认证其安全性。

在任何飞机上，驾驶舱都处于航电系统中最显著的位置。所有可以直接控制飞机

豪客 4000 公务机的驾驶舱

MD-80 民航客机的驾驶舱

EMB-120 民航客机的驾驶舱

安全飞行的系统都由机长直接控制。飞行器仪表与各种控制器一起形成人—机接口，使机长能按飞行计划操纵飞机。仪表提供的信息既是机长操纵飞行器的依据，同时又反映出飞机被操纵的结果。

→ 飞机上的仪表盘有什么作用

飞行仪表是指示飞机在飞行中运动参数的仪表。飞行状态参数有飞行高度、飞行速度和加速度、姿态角和姿态角速度。飞行仪表主要包括高度表、空速表、垂直速率表、姿态仪、航向指示表、转弯协调表。这6个仪表一般分布于机长的正前方，机长靠这6个仪表，可以基本实现对飞机的操纵与监控。

早期的飞机上只安装了很少的仪表，全靠机长用自己的耳目及大脑来驾驶飞机。在低空低速飞行时，用这种方式操纵飞机还勉强可以保证安全飞行。飞行速度和飞行高度增加以后，仅靠机长的感觉就无法适应这种种变化了，各种功能的飞行仪表被大量研制出并装置在飞机上。

空客 A380 民航客机的驾驶舱

20 世纪 70 年代，使用电子显像技术以及电子计算机技术对飞机上的仪表装置进行了一次大改造。电子计算机不仅可以收集处理各种参数，而且可以据此进行分析比较、发布指令甚至代替人去操纵飞机。电子显像管可以把几十甚至几百条信息用醒目的符号、鲜明的色彩映现在为数不多的屏幕上。

老式飞机中，驾驶舱内设 5 个位置，分别是正、副机长，飞行机械师，报务员，领航员。他们每人面前都有一大堆仪表和操纵装置，在飞行过程中每个人都需要不停地工作。正、副机长负责驾驶飞机；飞行机械师管理着发动机；报务员的任务是通过收发信息与外界联系；领航员则根据飞行速度、风速、地图等不断计算着飞机的位置及航向。根据领航员的计算结果，机长才能驾驶飞机在正确的航道上飞行。而现代飞机的驾驶舱内，只有正、副机长在驾驶飞机。

　　机长除了在飞机起飞和降落时全神贯注地操纵飞机外，在飞行的大部分时间里，他们都只是神态从容地用眼睛监视着电脑自动操纵飞机。这种变化极大地加强了飞行的安全性。近年来，飞机制造业方面最大的进步主要表现在飞机上仪表和电子仪器的先进性上。以前每架飞机制造的成本中，仪表所用资金只占 5%左右，而现在已经超过了 30%，未来也将呈现不断上升趋势。

波音 737 民航客机的导航显示器

波音 747 民航客机的仪表盘

飞机上的机载气象雷达有什么作用

　　机载气象雷达系统（WXR）用于飞机在飞行中对前方航路上的危险气象区域进行实时探测，选择安全的航路，保障飞行的舒适和安全。

　　机载气象雷达主要用来探测飞机前方航路上的气象目标和其他目标的存在以及分布状况，并将所探测目标的轮廓、雷雨区的强度、方位和距离等显示在显示器上。它是利用电磁波经天线辐射后遇到障碍物被反射回来的原理，目标的导电系数越高，反射面越大，回波越强。

　　机载气象雷达系统可以探测飞机前方的降水、湍流情况，也可以探测飞机前下方的地形情况。在显示器上不同的颜色表示降水的密度和地形情况。新型的气象雷达系统还具有预测风切变（PWS）的功能，可以探测飞机前方风切变情况，使飞机在起飞、着陆阶段更安全。飞机上的机载气象雷达的探测目标主要有以下几种。

对降水目标的探测

机载气象雷达所探测的降水目标，如雷、冰雹、雪等，它们属于导电的水物质，对雷达辐射的射频脉冲电磁波除一部分能量被吸收、损耗和散射外，均能被有效地反射回雷达天线。而反射的强弱与气象目标含水量的多少有关，所以，天线接收的回波经雷达接收机处理后，在显示器上用不同的颜色显示出雷雨的强弱，被测目标的距离由电磁波从发射到接收所用的时间来确定。

对湍流的探测

湍流相对于飞机有速度的变化，接收信号的频率相对于发射信号的频率产生偏移，利用接收回波信号频率的变化来探测湍流。

对风切变的探测

风切变是在很短的距离范围内，风速或风向，或二者一起发生急剧变化。它可以在很大区域内发生，并伴有狂风暴雨，或者只在一个很小区域内发生，特别是在接近地面的高度发生时，会对飞机的起飞和着陆造成严重的威胁，在飞行中，机长需要尽早知道飞机航路上风切变的存在，尽快采取措施，保障飞行安全。

飞机上配备的机载气象雷达显示器

飞机上带有天线罩的气象雷达

➤ 飞机上是如何供电的

飞机不仅需要用电让许许多多的灯亮起来，其他各种用电器件也有15 000多件。例如，厨房的加热炉、飞机上的防冰装置、驱动各种装置的电动机等都是用电大户；机上的各种仪表是用电小户，用电量不足全部用电量的5%，但是要求所供的电压稳定、频率稳定。因为如果仪表的指示不稳定，它所造成的后果对飞机来说是非常严重的。

波音 737 民航客机客舱的灯光

飞机上装有自己的发电设备，它不仅重量轻、功率大而且所产生的电的质量也高。飞机在运行的任何时候都不能停电。为此，飞机上的供电系统属于多余度系统，它具有三条防线。大型客机用两台发动机带动两台发电机。每台发电机所发出的电力都足以供给全机的需要。平时两台发动机同时工作，但每台都不是满负荷运转。一旦其中某台发生故障，剩下的一台就会立刻进入满负荷工作状态，这是第一条防线。除了上述发电机外，在机尾又加装了小型的涡轮发动机和发电机，也就是辅助动力装置。飞机在起飞前和落地后，两台主发电机停止工作，此时机长就启用这台辅助动力装置为飞机提供电力，保证飞机上的灯光照明、空调等各种用电。这样做也能为飞机节约大量的燃油。现代客机上还装设有直流电系统，并自己有容量很大的蓄电池。正常情况下，发电机经变流器产生出直流电向使用直流电的设备供电，它同时也使蓄电池充电。蓄电池能起到调节电压的作用，也用于启动发动机。不过蓄电池储存的电量毕竟有限，它只能保证向重要的设备和仪表供应电力。

波音 777 民航客机驾驶舱

波音 777 民航客机客舱

→ 飞机上装有的烟雾探测器有哪些

烟雾探测器是一种典型的由太空消防措施转为民用的设备，主要是通过监测烟雾的浓度来实现火灾防范。由于早期侦烟系统能在火灾发生初期有效地侦测到火灾的发生，因此烟雾探测器被广泛地安装在许多重要场所。随着民航业的发展，飞机的货舱、电子设备舱及厕所等处也都装有烟雾探测系统。烟雾探测系统用来监测机舱等处是否有烟雾存在，让机长对火灾及时采取措施。常见的烟雾探测器类型有：一氧化碳探测器、光电式烟雾探测器、离子型烟雾探测器和目测烟雾探测器。

一氧化碳探测器

一氧化碳探测器用来探测空气中一氧化碳气体的浓度，常用于驾驶舱和客舱的火警探测。在正常时，空气中不含一氧化碳，只有在着火或有烟雾时才会出现一氧化碳。

光电式烟雾探测器

光电式烟雾探测器广泛用于货舱和电子设备舱，它是利用烟雾对光的折射原理制成的。

离子型烟雾探测器

离子型烟雾探测器一般用于厕所的烟雾探测，它安装在每个厕所的天花板上。离子型烟雾探测器采用少量的放射性材料，当两极加上电压后将探测器所处的室内空气电离，这样就会有一定的电流通过探测器。当有烟雾的空气通过探测器时，烟雾的微小粒子附着在离子上，使离子浓度降低，通过探测器的电流下降，当电流下降到预定警告值时，探测器会发出声光报警。

目测烟雾探测器

早期飞机的驾驶舱内装有一个烟雾观察筒，观察非增压货舱是否有烟雾存在。利用文氏管将货舱空气通过观察筒，在飞行中，需要时打开指示灯，如果有烟雾存在，光线的散射会使灯发亮，否则观察筒看不到光亮，即通过灯的亮暗判断烟雾是否存在。

飞机上安装的烟雾探测器

消防人员正在抢救失火的飞机货舱

飞机飞行时是如何确定飞行姿态的

飞机在空中飞行与在地面运动的交通工具不同，它具有各种不同的飞行姿态。飞行姿态决定着飞机的动向，既影响飞行高度，也影响飞行的方向。飞行姿态主要通过飞机的副翼、升降舵和方向舵来决定的。副翼是位于飞机两侧机翼后缘的可控制舵面，它影响着机翼的升力大小。通过改变副翼的舵面能够使飞机向左右产生滚转的姿态变化。升降舵是位于飞机后段的可移动的水平控制舵面，它控制着飞机的俯仰角度，作用形同副翼。方向舵位于飞机尾部，通过作用力与反作用力的原理控制着飞机的飞行方向。

通常情况下，飞行姿态有四个表示角度，即俯仰角、偏航角、滚转角和迎角。机长可以根据自己的实践经验和理论知识，在特定情况下迅速判断出自己所驾驶的飞机的飞行姿态。例如，在低速飞行时，机长可以以地面为参考面，通过判

飞机使用的飞行姿态仪表盘

断地面物体位置，根据视线观察到的地平线来判断出飞机现在的飞行姿态。但机长在实际驾驶飞机时，身体会随着机身飞行姿态改变而发生变化，在机身发生严重倾斜时，机长无法迅速高效地调整好机体平衡，这就容易导致错误判断的产生，使得飞机不能回复到正确的飞行姿态中来。

为了最大限度保证飞行的安全，相关科研人员研发出一种可以指示飞机飞行姿态的仪表。指示飞机飞行姿态的仪表设计灵感来自陀螺——陀螺在转动起来之后，无论怎么触碰它，它都不会倒，也就是其旋转轴在转动时不会受外界条件干扰。利用这一原理研究出的陀螺仪，核心部分是一个高速旋转的陀螺，它被安装在一个各个方向都能自由转动的固定支架上。把陀螺仪安装在飞行设备上，无论这个飞行设备进行怎样的运动，发生怎样的姿态变化，其核心陀螺旋转轴的方向是不会发生变化的，其旋转轴一直垂直指向地面。飞机飞行姿态的变化对陀螺仪中的陀螺旋转轴不会造成影响，且横向指示杆平行于地平线，这种在飞行过程中指示飞机飞行姿态的仪表即姿态指引仪。在实际飞行中，机长应完全信任仪器的各项指标参数，而不是过分依赖于自己的经验和感觉，进而有效避免飞机因剧烈抖动或倾斜失控而导致的错误判断，最大限度地保障飞行安全。

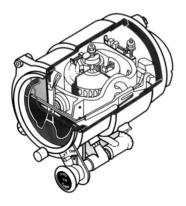

飞行姿态仪表盘内部构造图

飞行姿态仪表盘对应的飞行姿态

飞机的驾驶舱有哪些电子仪表

　　地平仪、航向罗盘、高度表、空速表是飞行中机长所使用的仪表中最重要的 4 块仪表。这 4 块仪表理应被安排到机长座位的正前方，使机长很容易看到它们显示的数据。地平仪可以显示飞机的姿态，而飞机姿态的变化将会引起航向、高度、速度等的变化，它是各种飞行参数变化之源头。因此地平仪被安装在机长座位的正前方；在它的下方安装的是航向罗盘，指示着飞行的方向；地平仪的两侧分别装着空速表和高度表。

飞机上所使用的电子仪表盘

老式飞机的仪表板上，各种仪表不下数十块，密密麻麻地呈现在机长面前。现代化的大型客机可就不一样了。机长座位的正前方是一块色彩明亮的显示屏，它被称为电子姿态指引仪或主飞行指引仪，这块屏幕由一条地平线将其分为上下两部分。地平线上部为蓝色代表天空，地平线下部为黄色代表大地，中心是一个代表飞机的图形。随着飞机姿态的改变，仪表上的地平线也在相应改变，因此机长一眼就可以看出飞机对地平线的相对姿态。在屏幕的边缘上用数字或指针显示着飞机的空速、地速、高度、对着陆指令的偏离等数据。一块屏幕就取代了传统上所使用的地平仪、空速表和高度表等仪表。

在电子姿态指引仪屏幕的下方或侧方安装着另一块电子显示屏幕，被称为电子水平状态指示器或导航显示器。在它的屏幕上也有一个飞机图形。这个图形飞机的机头对准屏幕上端的刻度，显示出飞机的航向。在此屏幕上还可以显示飞机要飞的航路、地图、前方航路点的距离、风向、风速、时间等。如果接通机上的气象雷达，由气象雷达探测到的前方的气象和地形情况就会以彩色图像按照距离标度显示在屏幕上：红色代表暴雨、黄色代表中雨、绿色代表小雨、粉色代表气流颠簸。这两大块显示屏，在正、副机长面前各装有一套。以上这两块电子显示屏幕的功能超过了过去二十几块仪表功能的总和。但目前在它们的周围还保留着几块旧式的仪表，这是为了在电子仪表出现故障时备用，确保万无一失。

飞机上使用的空速指示器

飞机上使用的爬升率和下降率指示器

在正副机长中间的仪表板上还安装有两块电子显像式仪表，即发动机指示与机组警告系统。这两块仪表取代了过去数十块管理发动机的仪表，把发动机的十几种参数如转速、排气温度、油量等全部用数字或指针形式显示出来。当飞机的某部分出现故障时，它还可以用文字形式向机长报警并将故障记录下来，以备地面人员核查时使用。过去有数以百计的飞行仪表，而现在用这 6 块显示屏就都代替了。它们的优点是：不仅使机长能一目了然，迅速准确地全面掌握飞机飞行的状况，而且由于添加了新的飞机故障报警和记录功能，使机长能及时采取措施应付已发生的故障，也使维修人员容易查找故障。自此以后，飞机因机械原因引起的故障率大为下降，机长因误读仪表而造成的飞行事故也大为减少。

飞机电子化会带来什么问题

　　使用计算机和其他电子装置管理飞机，可以大大减轻了机长的工作负担，它计算精确、反应快速，使飞机的性能得到充分发挥，也使飞行变得更安全和经济。可是世界万物都有两面性，由电子元件和线路构成的电子装置在发生故障之前往往没有什么征兆，一台计算机所承担的任务又比过去单个机械部件所承担的任务要多得多，一旦它们在空中出现问题，就会使整个系统瘫痪，从而造成严重后果。

　　为了确保飞行安全，航空工程技术人员不得不采取一种"笨"办法——增加备用设备。这种技术叫作余度技术。它的含义就是通过飞机长期运行的经验和数据，计算出电子设备的损坏率，再据此按重要性程度的高低，为各个部件增加不同数量的备用设备。

莱格赛 650 公务机的驾驶舱

伊尔 -96 民航客机的驾驶舱

　　备用系统的套数被称为余度。电传操纵系统采用四余度，即装备有 4 套完全相同的系统备用。如果一套系统发生故障的可能性是千分之一的话，两套系统同时发生故障的可能性就会降到百万分之一，而4套系统同时发生故障的概率更是微乎其微。即飞行1千万小时才可能出现一次。而一架飞机最长的飞行寿命也不会超过10万小时。这样一来，这些电子飞行仪表的可靠性就完全满足了安全的要求。余度技术的使用大大增加了飞机上电子仪表的需求数量，从而使飞机的价格上涨。现在只有

在大中型客机上才安装这些最先进的电子化仪表。将来随着电子制造技术水平进一步提高，电子产品价格下降，小型飞机才有可能广泛应用这类仪表装置。

塞斯纳208通用飞机在低空飞行

➤ 怎么给飞机上的电子设备降温

随着现代飞机的不断发展，其电子设备逐渐增多，电子设备的散热需求量也越来越大，因此为保证电子设备的正常工作，对电子设备的冷却问题也需要加以重视。

飞机设备冷却系统是指对电子设备架上的电子设备进行冷却，另外还包括对驾驶舱的CB面板及主仪表板的冷却。设备冷却的介质为客舱

排气。电子设备冷却系统包括冷却供气管路和冷却排气管路。供气管路上的主要功能元件为供气风扇、空气低流量传感器；排气管路上的功能元件为排气风扇、空气低流量传感器和气动排气活门。

在飞机接通电源后，电子设备冷却系统会自动开始工作。若主风

波音747民航客机前侧方视角

扇故障，则可通过选择开关使备用风扇开始工作。当飞机内外压差在一定范围内时，选定的风扇就会连续工作，并且气动排气活门处于全开位。

当飞机在地面或在低空飞行时，座舱内外压差低，风扇工作产生压差以使空气流动，对设备进行冷却，冷却空气经由气动排气活门及排气口排出机外。在飞行过程中，座舱压差增大，流经风扇管路的空气流量增大，气动排气活门开始开闭，当座舱内外压差达到一定值时，活门关闭。设备冷却空气主要排向前货舱地板下，对货舱进行加温，然后通过前排气活门排出机外。

波音 747 民航客机的驾驶舱

当通过流量传感器的空气流量正常时，流量传感器的加热电流值稳定，该电流值由传感器的电路感应到。当冷却空气流量不足时，流量传感器的加热电流改变，并触发警告。

空客 A350 民航客机客舱

→ 飞机在天上是怎么"认路"的

当飞机在广袤的天空中飞行时，很多乘客好奇飞机在天上是如何"认路"的？

早期飞机依靠地面标志和地图去认路，此时飞机不能飞得太高，机长必须用双眼盯住地面，搜索标志物。有些标志容易辨认，如塔、铁路、河流等。但有些标志就看不清了，如文字标志等。有时机长是利用航空地图来认路的，航空地图与普通地图不一样的地方是这种地图上标出了许多空中可以识别的地面标志物。这种早期的导航方法叫作目视导航。

随着时间向后推移，飞机飞得越来越快、越来越高。目视导航在多数情况下无法起到导航作用。于是机长的手边除了地图外又添加了时钟和计算尺（或计算器）两种工具。时钟要求走时精确，可靠性强；计算尺（或计算器）则是经过专门设计的，有关人士把飞机飞行所用的速度、距离、角度之间的关系编制成相应的计算步骤和程序刻画在计算尺上，机长在使用时，只要知道其中一个数据就可以用这种计算尺迅速得出相应的其他数据。机长在选定的航线上飞行，利用时钟就可以知道已飞行了多少时间，由速度表知道飞行速度，这样就可以算出在航线上已飞行过的距离。从地图上找出航线上标明的航路点，由速度算出到达此点的时间，届时从飞机上向下看以找到这个航路点标志，就可以确认飞机是否在预定的航线上飞行。过去在大飞机上设有导航员，他的主要任务就是根据地图、飞行速度、时间和其他信息算出飞机所在的位置和为了到达目的地飞机应该采取的飞行路线。这种方法叫作推测导航。以上介绍的这两种导航手段，目前在小型飞机上仍在使用，大中型飞机一般不用，只在某些特殊紧急情况下才使用。

航空与航海有某些相似之处，空中导航就是从海上导航借鉴了一些方法。磁罗盘的使用就是其中之一。磁罗盘的指针指向地球的磁极，地球的磁轴和地轴并不重合，磁南极、磁北极和真正的南北极相距1000千米左右。利用磁罗盘测出的方向叫磁方向，这种方向的北方叫磁北。地极的北方叫真北，真北方向叫真方向。真方向与磁方向之间偏差的角度叫作磁差。飞机上的铁制零件和磁场会影响磁罗盘发生指向偏差，这个偏差叫作罗差。飞机在出厂前由制造厂家测量出罗差，机长在飞机上使用罗盘时得到的读数要加上罗差才能得到磁方向，再加上磁差就得到真方向。在航空地图上都标有各地的磁差。实际上飞机在飞行中大量使用的是磁航向。在中低纬度地区，磁方向与真方向的偏差不大。只有到了离极地很近的高纬度地区，磁差才变得很大。一般在南北纬60°以上的地区飞行时，磁方向就不能使用了。

无线电进入飞机，使导航方法发生了革命性变化。机长和地面的飞行管制人员可以用无线电互相通话。这种通话使用2个不同的无线电波段。在200千米范围之内用甚高频通信，这种电波的频率在118～135兆赫，直线传播，可以有很多频道。这种通信方式多用在机场附近的繁忙的空中交通空域里，而这个区域正是管制员需要处理问题最多的地方。对于超过200千米的通信联络，须使用高频通信。高频电波和短波广播电台使用同样范围的频率，这种电波在天空和地面间来回反射，可以传播上千千米，但是频道少、通信质量不太稳定，多用于飞机和远距离的地面台站的联系。有了以上介绍的这两种通信方法，地面和空中就建立起双向联系，管制员就能够及时地知道飞机的位置、高度等情况，并借此给机长下达指令，提供导航信息，指导飞机的飞行。

一个简单的便携式磁罗盘

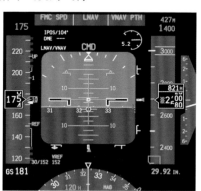
现代飞机使用的主要飞行显示器

→ 为何飞机失事后一定要找"黑匣子"

"黑匣子"又叫"飞行信息记录系统"，是一种将飞机飞行的情况储存下来的仪器，当飞机失事后需要了解飞行情况时，可以通过一些设备把它们播放出来。飞行信息记录系统包括两套仪器：一是驾驶舱话音记录器，实际上就是一个磁带录音机。从飞行开始后，它就不停地把驾驶舱内的各种声音，如谈话、发报及其他各种声音响动全部录下来。但它只能保留停止录音前 30 分钟内的声音。二是飞行数据记录器，它把飞机上的各种数据即时记录在磁带上。早期的记录器只能记录 20 多种数据，现在记录的数据数量已达到 60 种。其中有 16 种是重要的必录数据，如飞机的加速度、姿态、推力、油量、操纵面的位置等。记录的时间范围是最近的 25 小时。25 小时以前的记录则会被抹掉。

有了这两个记录器，平时在一段飞行过后，有关人员可以将记录回放，用以重现已被发现的失误或故障。维修人员利用它可以比较容易地找到故障发生的位置；飞行人员可以用它来检查飞机飞行性能和操作上的不足之处，改进飞行技术。一旦飞机失事，这个记录系统就成为最直接的事故分析依据。为了保证记录的真实性和客观性，机长只能查阅记录的内容而不能控制记录器的工作或改动记录内容。

为了确保记录器即使在飞机失事后也能保存下来，就必须把它放在飞机上最安全的部位。根据统计资料，飞机尾翼下方的机尾是飞机上最安全的地方，于是就把这个"黑匣子"安装在此处。黑匣子被放进一个（或两个）特殊钢材制造的耐热抗震的容器中，此容器为球形或长方形，它能承受自身重力 1000 倍的冲击、经受 11 000℃的高温 30 分钟而不被破坏，在海水中浸泡 30 天而不进水。为了便于寻找它的踪迹，国际民航组织规定此容器要漆成醒目的橘红色而不是黑色或其他颜色。在它的内部装有自动信号发生器能发射无线电信号，以便于空中搜索；还装有超

声波水下定位信标，当黑匣子落入水中后可以自动连续 30 天发出超声波信号。有了以上这些技术措施的保障，不管是经过猛烈撞击的、烈火焚烧过的、掉入深海中的黑匣子，在飞机失事之后，能被快速找到。

救援人员在废墟中寻找"黑匣子"

技术人员正在修复"黑匣子"的存储板

飞机常用的"黑匣子"型号

直升机升空后是如何控制方向的

直升机是通用航空使用的另一大类航空器。它离地升空的原理比较简单：把螺旋桨的方向由向前改为向上，使原来产生的向前的推力变成向上的升力，升力克服重力后，直升机就被拉向空中。直升机此时所需的升力要比推动飞机前进的推力大许多，因此必须把桨叶造得又大又长才能产生足够的升力，直升机的螺旋桨于是就被更名为旋翼。旋翼至少有两片桨叶，多的可达八片，直升机重量越大，要求旋翼的片数越多。相对来说，直升机升空的问题比较容易解决，但升空后的操纵控制问题却异常复杂。以至于直到飞机发明以后的 20 多年，第一架真正实用的直升机才诞生。

直升机升空以后，控制方面的第一个问题是：它的顶上有一个大旋翼不断地向同一方向旋转，旋翼对机身产生的反作用力会使机身向相反方向转动。但机身是不能转动的，如果它转起来，机舱里的机长和乘客就会感到眩晕。因此设计师们在单旋翼的直升机上加上一个长尾巴，尾巴末端的一侧装上一个小螺旋桨，叫作尾桨。尾桨转动起来产生一个不大的推力，正好能够制止机身的旋转。装有两个旋翼的直升机，让这两个旋翼旋转的方向相反，产生的反作用力相互抵消，机身就保持不动了。

海上飞行的 EC-135 直升机

停机坪上的 EC-225 直升机

操控直升机在空中驶向前方，则需要依赖自动倾斜器。具体来说就是在直升机驾驶员的面前设有两根操纵杆。一根叫总距杆，它和油门及控制桨叶的桨距（迎角）的机构相连。机长控制总距杆使发动机油门和桨距同时增大，这时升力增大，直升机上升。如果使油门和桨距减小，直升机就下降。另一根操纵杆叫周期变距杆，它和自动倾斜器相连。自动倾斜器通过机械连接可以使每个桨叶在旋转时，周期性地在某一固定的方位上变低或变高。这样一来就会使整个旋翼的旋转平面向某一方向倾斜。周期变距杆前推，旋翼的旋转平面就向前倾斜，所产生的力指向前上方。这个力的向上部分与重力相平衡，向前的分力就会推动直升机向前飞行。周期变距杆可以在360°方向上任意推动，因而旋翼的旋转平面也可以向任意方向倾斜。从而直升机就可以整体向任何方向运动，

甚至还可以倒退飞行。驾驶员脚下安设有两个脚蹬，利用它们来控制后面的尾桨，使它产生的推力变大或变小，以此来控制直升机机头的转向。

飞行中的贝尔-205直升机

→ 地面是如何了解空域中每架飞机的运行情况的

飞机在万米高空飞行，地面是如何了解空域中每架飞机的运行情况，又是靠什么对它们进行交通控制的呢？这其中少不了应答机的"功劳"。

应答机是一部能在收到无线电询问信号时，自动对信号做出回应的电子设备。在航空应用中，应答机主要作为辅助航空交通管制和飞机上的空中防撞系统（TCAS）使用。应答机通过脉冲信号与地面二次雷达联络，广泛用于空中交通管制，使空中交通管制员可以实时得知空中飞机的位置、高度、速度，并通过分配给飞机的SSR代码得知飞机的航班

号、所属航空公司等。一般大型飞机上都装有二次雷达应答机。

应答机是由英国空军和美国陆军航空队于第二次世界大战中开发的雷达敌我识别系统中演化而来。20 世纪 50 年代，航空界开始使用二次雷达配合应答机进行通用航空和商用航空的航空管制。

在飞行中，航空管制员会通过无线电通知机长分配给他的应答机代号，之后机长在飞机上手动输入应答机代号，航空管制员的雷达屏幕上就会正确显示该飞机的身份信息。应答机代号是一组 4 位八进制数字，通过分配应答机代号，航空管制员可以对飞行器进行区分。飞机脱离跑道后，应答机应按需放在备用位。如果不关应答机的话在塔台大屏幕上仍然会有显示，并发送高度报告，这样会影响空中交通管制。而且还可能和空中的飞机产生同步窜扰，干扰地面二次雷达工作。

飞机上使用的应答机

飞机驾驶舱内配备的应答机

→ 空中管制有哪些方法

空中交通管制是个极为复杂的系统，一般分为程序管制和雷达管制。

程序管制

程序管制方式对设备的要求较低，不需要相应监视设备的支持，其主要的设备环境是地空通话设备。管制员在工作时，通过机长的位置报告分析、了解飞机间的位置关系，推断空中交通状况及变化趋势，同时向飞机发布放行许可，指挥飞机飞行。

飞机起飞前，机长必须将飞行计划呈交给报告室，经批准后方可实施。飞行计划内容包括飞行航线、使用的导航台、预计飞越各点的时间、携带油量和备降机场等。空中交通管制员根据批准的飞行计划将其内容填写在飞行进程单内。当空中交通管制员收到航空器机长报告的位置和有关资料后，立即同飞行进程单的内容校正，当发现飞机之间小于规定垂直和纵向、侧向间隔时，立即采取措施进行调配间隔。这种方法速度慢、精确度差，为保证安全因而对空中飞行限制很多，如同机型、同航路、同高度需间隔10分钟，因此在划定的空间内所能容纳的飞机较少。该方法也在雷达管制区雷达失效时使用。

雷达管制

雷达管制员根据雷达显示，可以了解本管制空域雷达波覆盖范围内所有飞机的精确位置，因此能够大大减小飞机之间的间隔，使管制工作变得主动，管制人员由被动指挥转变为主动指挥，提高了空中交通管制的安全性、有序性、高效性。

雷达种类分为一次监视雷达和二次监视雷达。一次监视雷达发射的一小部分无线电脉冲被目标反射回来并由该雷达收回加以处理和显示，在显示器上只显示一个亮点而无其他数据。二次监视雷达是一种把已测到的目标与一种以应答机形式相配合设备协调起来的雷达系统，能在显示器上显示出标牌、符号、编号、航班号、高度和运行轨迹等以及特殊编号。

华盛顿空中管制的培训部门

美国某空中交通管制塔内部

（）

　　程序管制和雷达管制最明显的区别在于两种管制手段允许的飞机之间最小水平间隔不同。在区域管制范围内，程序管制要求同航线、同高度航空器之间最小水平间隔 10 分钟（对于大中型飞机来说，相当于 150 千米左右的距离），雷达监控条件下的程序管制间隔只需 75 千米，而雷达管制间隔仅仅需要 20 千米。允许的最小间隔越小，单位空域的有效利用率越大，飞行架次容量越大，越有利于保持空中航路指挥顺畅，更有利于提高飞行安全率和航班正常率。

美国 FAA（美国联邦航空管理局）空中交通管制设施

→ 什么原因会导致飞机与地面失联

　　在飞行过程中，飞机与地面的坐标系脱离，从安全等多个方面考虑，空中联络是飞行过程中非常重要的一环。

　　以波音 737 系列客机为例，仅飞机上就有 30 条通信天线，主要用于地对空或空对空通信及导航。在这些通信中，高频通信是飞机的重要通信部分，它可以使飞机与地面站及其他飞机之间进行远程语音和数据通信。由高频通信产生的电磁波，能被电离层反射，最远可传输4000千米，通常被安装在飞机尾部或垂直安定面前边缘。

此外，飞机与飞机之间、飞机与地面站之间也有"VHF通信系统"，VHF可以在这些方面提供语音和数据的数字通信。波音737客机配备了两个VHF收发机，两个通信天线分别位于机腹和机顶，通信也是独立的。

除飞机本身自带的两套通信系统外，卫星通信系统也是其重要组成部分，尤其是海上飞行或远距离飞行，由于飞机在高空飞行，通信效果易受天气影响，当飞机飞行或远距离飞行时，地面平台可能不能传输信号，使控制中心无法获取飞机的具体位置和实际飞行。为确保飞行中的通信安全，飞机的通信状况必须通过卫星通信系统进行。

自动化通信系统中，飞机具有"广播式自动相关监控系统"，简称ADS-B。该系统无须人工操作或询问，能自动从有关设备中获取有关参数，在飞行过程中将飞机的所有飞行信息传送给其他飞机和地面站。该系统最早是由航空公司为确保飞机在不能进行雷达监视的情况下跨海飞行，利用卫星实时定位而制定的一种安全监控方案。

对飞机来说，最令人担心的是飞机在飞行过程中的失联问题。

在通信系统失联方面，甚高频和高频信号是飞机通信的主要手段，但这两种信号频段各有其缺点。VHF的频带衰减速度很快，传播距离很近，通常是在可见距离内通信。与之相比，高频通信虽然通信距离很远，但短波信号的不稳定性和电台之间的相互干扰，会影响高频通信的通信质量。

一般来说，通信系统失联在很大程度上是人为失误。航空公司通常会选择甚高频信号作为主要的通信方式，包括应急通信和数据通信。当无干扰时，如果机组人

波音737民航客机前侧方视角

员选择的通信频段与地面站的信号频段频率有误，机组又未选择相应的
信号频段，同时飞机没有配备卫星通信系统，飞机就会失联。

　　飞机作为重要的交通工具，当然也要有相应的应急措施和保障，以
避免飞机失联。近几年，国际航空组织也将制定飞机实时信息监控方案，它不同于现有的主要被动信号传输，实时信息监控主要通过卫星通信和网络传输来实时反馈飞机的各个航段信息。

波音 737 民航客机驾驶舱

第 5 章

第6章
运 行 篇

　　航空人员分为空勤人员和地勤人员。空勤人员包括驾驶员、领航员、飞行机械人员、飞行通信员、乘务员等；地勤人员包括民用航空器维修人员、空中交通管制员、飞行签派员、航空电台通信员等。

概述

  飞行机组的人数和组成依飞机类型和飞行任务而有差别。民航客机的机组一般由机长、副机长、飞行工程师、领航员、通信员、空中乘务员组成。

  在航空活动中机长对航空器和乘客的安全负有直接的和最终的责任，因此，国际公约和各国国内法都授予了机长在飞行过程中最高的法律地位和至高无上的权力。机长职权最早是沿袭船长在反海盗中的权力，而随着民用航空运输的发展，机长职权自身的技术性、行政性以及刑事司法性三大特征日趋明显。根据机型不同，机长应当积累一定的飞行时长，以达到熟练性要求，一般的民航客机如波音 737、空客 A320 等中型飞机的最低经历飞行时间要求为 2700 小时。

  副机长分为初级和高级，职级比机长低，但资历不一定比机长浅。副机长是飞机上拥有第二指挥权的人，权力仅次于机长。副机长肩章上拥有 2 ～ 3 条金色或白色斑纹，制服外套的袖子也有 2 ～ 3 条金色斑纹。在双人座的民航机座位位于驾驶舱右侧。

正接受地勤人员指挥的民航客机

  在航空发动机控制系统不够自动化的时代，对于装备了多台发动机的大型飞机，一般在机组中设置飞行工程师，负责根据机长命令调控各台发动机的各项技术状态，如油门、液压操控以及机舱增压、电力等系统。

还可能在起飞前与降落后检查飞机状态。在旧式民航客机及部分军机上，飞行工程师坐在正、副机长的后面，并面向侧面的一排仪表。由于飞机系统操控的电脑化与自动化，飞机上的电脑系统能自动监察飞机系统，并将故障直接向机长报告，目前新型的飞机已经不需要配备飞行工程师，大幅节省了航空公司的人力成本。不过，一些现在还在服务中的旧型飞机，如波音747-100、波音747-200、波音747-300与波音747-SP，还有洛克希德的L-1011"三星"飞机与麦道DC-10飞机，仍然需要飞行工程师随航。

飞机领航员是机长的"指南针"，他为机长提供准确的方向，以免飞机"迷路"。少了飞机领航员的导航，机长就失去了对方向的辨别。领航员需要工作特别细心负责，并且具有很强的判断能力和果断的决策能力。

飞行通信员是操纵飞机通信设备、使用各种通信方法并按照一定的程序完成飞行通信工作的专业人员，他们属于专业技术人员，其主要工作职责是在飞机正常飞行或出现紧急情况时执行相应的通信程序，使用各类通信设备。

空中乘务员是民用航空中在机舱内为乘客提供各项服务的勤务人员，主要工作为确保飞航安全、供应飞机餐等餐点、指导乘客使用飞机上安全设备、维护机舱环境整洁以及在紧急情况下引导乘客安全离开机舱等。由于近年来恐怖活动的威胁，维护客舱内的保安也成为现在空中乘务员的职责之一。

机场地勤是自有航空运输服务以来，出现在各级民用、军用机场的一项重要服务，和机场的运作息息相关且不可或缺，所有的飞机都需要地勤的服务，从进入停机坪的那一刻起，到离开停机坪进入滑行道为止，停泊期间的所有后勤服务皆为机场地勤人员的工作职掌范围。

大型区域枢纽机场及国际机场则由于组织架构复杂和人事业务庞大等原因，通常是将地勤业务直接外包给专属的机场地勤服务公司来统一处理，以便精简营运和人事成本。而自身规模达到一定程度的

副机长正在操纵飞行仪表

大型商务航空公司也会自行配置隶属于同公司的机场地勤人员，来维护自家数量众多的各式航空机队，一方面可以避免外包之后的不确定管理风险，另一方面也能确保维持一贯的服务品质。

公务机由地勤人员进行清洗

阿联酋航空公司的乘务员

机长与管制员在飞机飞行时都会聊哪些

　　机长在操控飞机平稳飞行时，会把无线电切换到进近管制员的频道，向管制员报告飞行高度。飞机已爬升到 600 米，得到管制员的许可，就可按照标准离场程序进入爬升阶段，离开始发站飞向目的地。此时飞机是沿着一条较陡的斜线爬升，角度在 150°左右。机长把油门向回收，使此时发动机的功率小于起飞时的功率，但保持在飞行时的最大功率位置上。飞机边爬升边加速，机长使飞机保持着最有利的速度，副机长在另一侧监控仪表。飞机可

波音 707 民航客机起飞瞬间

高空飞行的 L-1011 "三星" 民航客机

能因爬升太快而导致速度降低进而失速，也可能因爬升角度小而导致飞得过平，偏离标准程序，使地面上听到的噪声增大。此时机长需对飞行状态认真进行逐项的调整。

当飞机上升到 3000 米以上时，对地面的噪声影响已经很小，此时飞机就改小爬升角度，为进入航线做准备。机长接通飞行管理系统计算机，它根据已输入的飞行计划管理自动驾驶仪、推力管理系统、信号系统等。之后飞机便处于自动驾驶状态并以最佳状态进入航线飞行。

飞机进入自动驾驶状态后机长接通区域管制员的频道，报告要飞的航路和飞越的航路点。如果航路上有另外的飞机也在飞行，管制员会指令飞机在空中等待，直到他同意后飞机方能进入航路。飞机继续上升到巡航高度（喷气机一般是 7000 米以上），就进入巡航阶段。巡航时飞机平飞，此时飞机的升力和重力相等，推力和阻力抵消，飞机的高度保持不变，飞行速度也保持不变，机舱内平稳又宁静。而副机长的任务是监视和检查飞机的工作状态，向管制员报告或申请一个更有利的航线。虽然从理论上讲，两位机长同时离开驾驶舱，飞机仍会正常飞行。但在飞行规则中此举是被严令禁止的。因为一旦飞机遇到意外情况，人的作用是任何仪器都无法替代的。

伊尔 -96 民航客机正在着陆

"三叉戟" 民航客机在高空飞行

→ 管制员靠什么与机长沟通

管制员指挥飞机全凭无线电通话。飞机的飞行速度很快，机长如果与管制员之间彼此听不懂对方说的话或者听错了都会酿成飞行事故。1998 年在印度新德里附近，一架飞往新德里的飞机的机长，因为语音问题，把管制员许可的飞行高度听错了，导致这架飞机与另一架刚刚起飞的飞机相撞，损失惨重。

飞机在空中的通话既要确保及时接通，还要保证让通话双方都能准确理解对方所要表达的意思。为此，国际民航组织会同各国民航当局对民航的通信制定了标准。这些标准是空中交通规则的一部分。为了使空中对话及时接通，他们把甚高频通信频道所使用的频率作了分配。例如，空中交通管制员与机长谈话分配在 118 ~ 121.4 兆赫频段内；不同岗位的管制员又被规定了专用的使用频率。只要机长在飞机上把甚高频收发机调到这个频率上，拿起听筒，就可以与管制员接通。对于紧急情况，还设有专用的频率。这就保证了机长和管制员之间有了一条随时畅通的热线，彼此能及时沟通。

为了使通话双方能准确及时地相互理解对方所表达的意思，国际民航组织把英语规定为世界民航的通用工作语言。各国的国际航线都必须使用英语通话。英语中的许多词汇是一字多义的。为了防止发生误会，国际民航组织还专门对在空管中使用的英语词汇及常用语句的含义作了具体规定，以避免引起混乱。尤其是对于数字、字母、近声词等易混淆的发声都单独作了规定。

波音 747 民航客机的飞行仪表盘

空客 A380 民航客机上的数据链路控制和显示器

→ 管制员如何指挥飞机

20世纪60年代以前，管制员指挥飞机的基本手段是依靠飞机使用者提交的飞行计划。管制员依据这个飞行计划，用预先知道的飞机运行程序，通过无线电通话来指挥飞行。这种方法被称为程序管制。除去飞机在机场附近的上空外，通常情况下管制员看不到飞机，管制员通过无线电通话控制飞机的飞行高度、飞行时间、飞行方向来管控飞机的位置，使它们不至于彼此相撞或与地面建筑物相撞。程序管制的基础是程序、通信和间隔。

飞机的使用者（通常是航空公司）提前一天对每一次飞行向空中交通管制单位提交一份飞行计划。在这份计划中要详细说明这次飞行的具体内容，其中包括飞机的编号、型号、飞行的航线、起飞时间、使用何种飞行规则、预计到达时间等。空管部门根据这份飞行计划编制出这次飞行的程序进程单，并以电信方式下发到沿航线的各个相关空管单位。于是每位参与管制这次飞行的管制员的手中都有一份这架飞机的飞行进程单，这是指挥飞行的依据。机长按照计划，驾驶飞机沿着航线飞行，每经过一个航路点都要向当地的管制员进行报告，在得到管制员的许可后才能继续飞行，直到飞完全程。管制员每人每天当班时要管制许多架飞机飞行，因此在管制员面前摆放有许多飞行进程单，他按照时间顺序把进程单排列起来，根据飞机到达的先

管制员正在认真工作

MD-80民航客机机长正在操控飞机

管制员正在观察飞机飞行情况

后依次指挥飞机的飞行。飞机少的时候，还比较省力，如果有多架飞机在短时间内到达，管制员的工作就会十分紧张，因此，他们必须具备机敏、镇静、果断、责任心强的心理素质才能胜任这项工作。目前民航的空中管制员工作均由男性担任。

→ 飞机机长为何都坐左边

在航海时代，船舶总是在左侧靠岸，一是因为当时船舶的方向舵通常安装在船身右侧，如果从右侧靠岸，方向舵会对其造成阻碍；二是因为船只受螺旋桨的旋转方向影响，从左侧比右侧更容易靠岸。而飞机的出现比船舶晚，因此在很多使用习惯上延续了航海界的传统。

作为船舶的最高领导者，船长在左侧能更好地监控货物和乘客，更直接地掌握全局情况，便于管理。同理，这种航海界的传统沿用到民航业，作为整架飞机的最高负责人，机长也被安排坐在左侧。

受航海界影响以及便于机长操纵，飞机制造商在设计生产飞机时，考虑到驾驶舱职责分工、人体工学等因素，便形成了机长座位在左侧即整机的最高负责人在左侧位置这一传统。当然，无论什么飞机，机长和副驾驶座位不是绝对固定的，只是相对固定，并根据任务进行实际调整。例如，右侧坐着资深带飞教员，左侧坐着训练转升机长的副驾驶，那此时飞机的最高负责人则是右座的带飞教员。

考虑到操纵等因素，直升机机长的座位通常在右侧。目前全世界的直升机几乎都采用统一的驾驶方式，即左手控制总距油门杆，负责直升机的上升和下降，右手控制周期变距杆，负责直升机的前后左右四个方向的移动，双脚控制两个脚蹬，负责直升机机头指向，由此可见驾驶直升机要手脚并用，绝非易事。

ATR72 民航客机的机长与副机长

空客 A310 民航客机的机长与副机长

空客 A350 民航客机的机长与副机长

➤ 两位机长为何不能吃相同的食物

　　一架飞机是否飞行安全，能够顺利飞往目的地，正、副机长自然是关键。但飞机的飞行时长各有不同，有的飞机甚至要飞二十几个小时。这期间，如果遇上饭点要吃饭了，两位机长吃的飞机餐必须不同，而且还不能同时进餐。

　　这是因为，如果因飞机餐导致人腹泻、食物中毒等情况，两位机长同时吃了同样的飞机餐，很有可能会造成两位机长的身体状态不佳，无法掌控飞机的飞行。在长时间的飞行条件下，这是非常危险的。

　　如果两位机长一起用餐的话，机长的注意力不在表盘仪器上，也很有可能出现意外事故，比如说没来得及避让飞行中的鸟群，或是遇到打雷、刮风等极端天气没有及时避开，或是没有听到来自塔台的信息。因此，正、副机长吃饭，是要分时间段的。

　　一开始，人们用飞机出行的时候，根本没有想到机长吃饭这件事有多么重要。早先的机长们吃的都是相同的飞机餐。然而在 1982 年，美国一架从波士顿飞往里斯本的航班出现了意外。当时的飞机上提供一种"木薯布丁"的飞机餐，吃下这份布丁的机组人员全都出现了轻微的食物中毒现象，因为肚子疼导致了行动不便，包括机长、副机长、飞行工程师等十几名机组人员全都中招。不过幸好这份木薯布丁个头不大，吃进肚子里的量也比较少，而且当天的机组人员准备充分，使得这趟航班总算是有惊无险地顺利降落。然而这件事在航空历史上留下很大的教训，让人们意识到：如果正、副机长同时失去行动能力，会是多么严重的一件事情。此后，飞机上便有了这样一条规定，如果正、副机长要吃同样的飞机餐，中间间隔的时间必须在 1 小时以上。如果是不同的飞机餐，也要分出不同的时间段来吃。最起码要保证有一位能够掌控飞机的机长把注意力集中在飞行上。

空客 A340 民航客机的厨房　　食品运送到美国航空公司的波音 767 民航客机上

飞机上一定要有机长吗

　　1914 年，一名美国发明家斯派雷利用地平仪上的陀螺指针作为飞机平飞的标准，用电器装置测出飞机飞行时和这个标准的偏离，再用机械装置予以校正，就使飞机保持在平飞的状态上。这就是世界上第一台自动驾驶仪。虽然它只能保持飞机的平飞，但它给后人以启迪，从此开始了飞机自动飞行的时代。

　　20 世纪 40 至 50 年代，飞机由自动驾驶仪发展成飞行自动控制系统。随着飞机性能不断提高，要求自动驾驶仪与机上其他系统耦合形成飞行自动控制分系统。这些分系统的总合称为飞行自动控制系统。为适应飞行条件的剧烈变化，飞行自动控制系统的参数随飞行高度或动压而变化，这样的系统称为调参式飞行自动控制系统。

　　飞行自动控制系统已有 100 多年的研制历史，早在有人驾驶飞机出现之前，自动飞行装置就已问世。例如，1873 年法国雷纳德的无人多翼滑翔行操纵。二战促使自动驾驶等设备得到进一步发展，由过去的气动—液压到全电动，由 3 个陀螺分别控制 3 个通道改为 1 个或 2 个陀螺操纵飞机，并可做机动、爬行及自动保持高度等。目前，电传控制和主动控制技术已在现代飞机研制中得到了广泛的应用，而无论是否采用电传控制系统，飞行自动控制系统都已是多数飞机普遍使用的关键系统。

尽管现在的飞机已经能够实现飞行自动控制，但是仍然离不开机长。第一，飞机的航行线路要由机长设定并输入到计算机中；第二，飞机在起飞和降落这两个阶段中，变化因素太多，计算机只能按预先编好的程序下达动作指令，不具备灵活反应的能力；第三，即使飞机在巡航状态时，机长可以不做任何动作去控制飞机，但他必须监视这台机器"大脑"的工作。万一这台机器"大脑"出现什么故障或反应不够及时，机长要立刻接管驾驶飞机的任务，这样才能保证飞行安全。

飞机驾驶舱的飞行管理系统

波音 747 民航客机的机长

波音 747 民航客机的飞行仪表盘

空客 A340 民航客机自动飞行系统

空乘提前登机都是在做什么

当乘客登机时，空乘人员早已在飞机上准备就绪迎接乘客了。那么他们在乘客登机前都做了哪些准备工作呢？

首先，空乘提前登机的主要目的就是保证飞行的安全与乘客旅行的舒适。一般来说，航班的乘务组都要在乘客登记前的 1 个小时左右登上飞机。登记后，空乘人员会根据自己的号位，对负责的区域进行例行

奥地利航空公司的空乘人员正在引导乘客到座位上

检查，这其中包括舱门和应急设备。之所以这样做，是为了保障飞机上的氧气瓶、消防器材等在紧急情况时可随时使用，确保乘客的安全。

其次，是对客舱服务设备和服务舱设施的检查。客舱服务设备就是乘客坐飞机时最常使用的部件，包括座椅靠背、娱乐系统等。而服务舱设施主要是指烤箱和烧水壶等，空乘们此时就要对它们的收放情况和使用状态进行检查，如果发现有的设备不能使用时就需要在第一时间通知机务人员上机进行修理。

打开客舱舱门的空乘人员

最后，在所有设备检查妥善后，开始准备为乘客提供机上服务所需要的物品。这就包括为乘客和机组配备的航班上需要的食物，以及将机上剩余的供应品等清点后放入规定餐箱、餐车内，铅封好并填好回收单。头等舱与公务舱的空乘，还需准备迎宾饮料、热毛巾和拖鞋这些物品。这些工作都做完后，便会进行全客机的清仓，确保机上无外来人、外来物。一切就绪后，机

空乘人员进行安全示范操作

长发布上客指令就可以迎接乘客了。登机后，乘务员需要在机舱门口进行测温，人数清点，欢迎乘客登机，协助乘客入座，安放行李。对应急出口的乘客进行评估，以及介绍应急出口的使用方法、注意事项等。

→ 乘客误机后该怎么做

误机一般指乘客没有按照飞机客票上注明的日期、航班乘机。对于一般的乘客来说，最可能发生的误机情形是赶到机场的时间较晚，来不及办理登机手续。如果发生误机情况，可采取以下几种措施。

使用紧急柜台

大多数航空公司都设有紧急柜台，如果乘客因故晚到机场，且晚于起飞前一小时到达机场，自助值机服务已经停止了，这时就可以在"晚到乘客柜台"办理登机手续。

乘客在机场大厅办理值机

尝试申请头等舱通道安检

在万分紧急情况下机场值机人员会酌情在你的登机牌上加盖"优先安检"章，凭此登机牌乘客可优先从头等舱通道安检登机，而头等舱通道使用人数一般很少。注意此法只适用于持加盖"优先安检"章登机牌的晚到乘客。

态度诚恳插队安检

如果在排队安检时，登机时间已到，或广播已再三敦促登机，这时可尝试直接走到任何一条队伍的前头，然后态度诚恳地向排在前头的乘客解释，以说服他们让你插队安检登机。需要注意的是，采用此法态度一定要诚恳，切忌滥用。

一般发生误机后，乘客有退票、改签等选择。误机乘客需要先在该航班离站后的次日中午 12 时（含）前，到乘机机场的承运人乘机登记处、承运人售票处或承运人地面服务代理人售票处办理误机确认手续。已办理误机确认的乘客，如要求改乘后续航班，可在上述地点或原购票地点办理变更手续，承运人应在航班有可利用座位的条件下予以办理，并免收误机费一次。但是因为机票折扣问题，乘客需要向航空公司补足机票差价。

机场值机大厅的乘客

孕妇坐飞机需要注意什么

孕妇在孕期如果要出远门的话，乘坐飞机是最快捷方便的方式。孕妇可以坐飞机，但大多数妇产科医生不赞成孕妇在孕早期和孕晚期乘机，因为这个时期的孕妇及胎儿对外界环境因素的改变非常敏感。

在正常情况下，怀孕满 32 周且不足 36 周的孕妇只要没有出现恶心呕吐、血压升高等身体不适症状就可以像普通乘客一样乘坐飞机。但为了孕妇们的健康安全，航空公司一般会要求，怀孕满 32 周且不足 36 周的孕妇应在乘机前 72 小时之内去医院开具适宜乘机的诊断证明书，并且诊断证明书要经指定的医院盖章和该院医生签字方能生效。如果孕妇的孕期在 36 周以上，航空公司很有可能会直接拒绝其乘机。但由于各家航空公司的规定有所不同，所以孕妇在乘坐飞机前最好向所乘航班的航空公司进行咨询。

航空公司之所以对孕妇乘坐飞机有如此严格的限制或规定，既是出于对孕妇及胎儿安全的考虑，也是为了维护其他乘客以及航空公司的利益。因为孕妇在飞行和旅行途中容易发生早产、流产、胎儿宫内缺氧等意外情况，而飞机上医疗设备有限，一旦出现意外情况，后果不堪设想。同时，孕妇如果在飞行过程中发生出血、临产等情况，出于安全考虑，飞机必须备降至最近的机场，这就会造成当次航班的延误，甚至影响到后续的航班，以及众多乘客的出行，同时也会给航空公司造成巨大的经济损失。

在乘机前，孕妇应保证充足的睡眠，保持良好的精神状态。如在乘机前自我感觉身体不适，应主动中止登机。在选择航班时，最好避开凌晨或者后半夜的航班，以免过度疲劳影响胎儿和自身的健康。客舱内空气干燥，孕妇如果出现脱水现象或感到恶心，建议多喝些温开水，以补充水分。由于高空气压、气温的变化，飞机飞行中人体需消耗较多的热能，孕妇更容易感到饥饿。因此孕妇在乘机前应多吃些易消化的食物，以增加热量，少吃容易导致胃肠胀气的食物。

与普通乘客相比，孕妇更需要较大的空间用于活动和休息，所以如果经济条件允许，建议孕妇购买头等舱或商务舱机票，以提高乘坐飞机的舒适度。

如果孕妇乘坐的是长航线航班，最好每隔一个小时起身活动一次，因为长时间保持一个姿势既不舒服，又会使其双脚以及踝关节出现水肿、抽筋等症状，要多站起来在走道上走动，做一做伸展运动，促进血液循环。此外，建议孕妇在乘坐飞机时穿一双舒适的长

等待登机的孕妇

筒棉袜，除了保暖外，可以帮助其保持血液循环通畅，减轻肿胀带来的痛苦。

准备乘坐飞机的孕妇

飞机座椅上的孕妇

紧急出口旁的乘客需要注意什么

　　登机牌通常是按照从后排座位往前排座位的顺序发放的，而对于紧急出口旁这排座位的登机牌，大多是发放给健康敏捷的年轻乘客，孕妇或老人、小孩则不宜发放。实际上，紧急出口座位的登机牌与其他座位的登机牌没什么两样。通常情况下，具有以下情形的乘客不宜坐在紧急出口处的座位：不足 15 岁且没有陪伴的未成年人；缺乏阅读和理解有关紧急撤离指示的文字或图表的乘客；缺乏理解机组人员口头命令能力的乘客；视力、听力和语言表达能力较差的乘客。对于不适宜坐在紧急出口座位的乘客，即使拿到紧急出口旁座位的登机牌，也可向机组人员说明情况并调换到非紧急出口的座位上去。

飞机客舱内的紧急出口

紧急出口旁的座椅分布

第 6 章

　　飞机起飞前关好舱门后，乘务员会走到这排乘客前，询问他们是否愿意配合机组人员的工作，是否了解紧急门的使用，然后告诉这些乘客，一旦发生紧急情况时，应协助机组人员迅速打开紧急门并把门扔出机外，而不是留在机内，防止其挡住出路。如果坐在紧急出口旁边，要先弄明白怎样打开紧急出口。如果你在紧急情况下不知道操作方法，不仅自己的安全受到威胁，还会给别人带来危险。

　　既然是紧急出口，上面的开门机构就不可以随意触动。在打开紧急门时，一定要按照乘务员的指导或紧急门上的操作说明来进行，以便紧急门能及时打开。特别注意，当不该打开紧急门时，乘客千万不能自行打开紧急门。

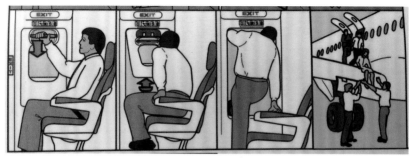

紧急出口旁乘客操作演示

→ "机长广播"在客舱广播中有什么作用

　　近年来，随着航空市场的发展，公众对航空运输的认知度提高，乘飞机旅行更加普遍。为了使乘客在空中有限的时间里体验到航空服务带来的特别享受，各航空公司对服务品牌予以高度重视，重点关注安全的机长广播也被列为品牌服务的一项重要内容。

　　在夏、秋雷雨多发季节，由于空中气流颠簸较多、航线不通或其他紧急情况，客舱乘务员的服务广播往往很难奏效，而此时的机长广播却会让乘客安静下来，究其原因，源自机长掌握着空中航线状态，乘务员所知晓的信息也来源于机长，再多的解释，都不如机长亲自告知。所以在此时，机长务必广播，对航路情况作一个简单的介绍或解释，往往会产生事半功倍的效果。由于现实飞行中经常有不同的情况，程式化的机长广播并不能真实反映实际情况，因此机长需要尽可能用最通俗的语言，对航路状态作一个简略的解说，但不要有保证性的说辞，就如同告知栏一样，做到使乘客信息共享，乘客往往也会表示理解，并予以配合。

机长广播与服务广播有着本质的区别。在空中客舱广播中，乘客往往对例行的乘务员服务广播关注度不高，而对偶尔的机长广播十分关注，这源自乘坐航班的乘客普遍都有一个公众心理——"空中安全"。特别是第一次乘飞机的乘客，如何使他们放松紧张的心态，机长广播往往比服务广播更具有说服力，能带给乘客更多的安心。在实际运行中，由于机长在起飞、降落等关键阶段需要做好安全方面的工作，没有精力做机长广播，所以，一般机长广播多在平飞后进行。当飞机起飞前遇到排队等待或航程中机长没有时间做机长广播时，机长广播也可以在起飞前或降落后进行。由于这类广播更像是机长自我介绍，与服务欢迎词广播有相似之处，通常可以由机长自己做，也可以由机长委托副驾驶或乘务员来做，以拉近乘客的心理距离，让乘客更安心。

空客 A340 民航客机的机长

波音 777 民航客机的客舱

→ 飞机碰到紧急情况时怎么做才能让自己得以幸存

飞机发生意外常常在一瞬间，如果在高空，除非能顺利迫降，否则一旦坠毁往往同时引发爆炸，乘客生还的概率极小。因此，遇到飞机发生紧急情况时，一定要在第一时间有所反应，掌握逃生的黄金时间。

登机时看清紧急出口

发生意外时，先回忆紧急出口的位置，不要盲目跟随人流跑动。飞机发生紧急情况时，紧急出口是最重要的逃生通道。实际上，意外发生时，很多人慌乱地来回跑动或者一拥而前。乘客登机时，看清并记牢自己的座位与紧急出口的距离，是非常重要的。通常飞机发生事故时，机舱内漆黑一片，所以不要盲目地跟随人流跑动，要注意观察过道内的荧光条，并抓紧时间回忆一下紧急出口的位置。如果发现紧急出口也已经起火或被浓烟包围，那么，就要向着有光亮的地方跑。黑暗中，有光的地方往往就是逃出飞机的通道口。

褪去身着的坚硬物品

如果飞机上已经发生了迫降预警，乘客们首先要做的是，确认安全带是否扣好系紧。飞机发生事故时，会产生强大的冲击力，会对乘客的身体产生致命伤害。而安全带在这时就会发挥重要作用。当然，等到飞机着陆或者停稳后，顺利地解开安全带也颇为关键。建议乘客登机入座后，可以重复几次系、解安全带的动作，以防后患。

用湿手帕捂住口鼻

发生意外时，要避免吸入有害气体，并赶在灾势严重前逃离。在瞬间发生的空难里，乘务员如果无法发挥作用，乘客的首要任务是保持冷静。而一旦飞机迫降后起火，浓烟便会在短时间内弥漫机舱。实际上，很多遇难乘客的死因是吸入了有毒浓烟。浓烟被吸入人体后的瞬间，乘客便会失去意识。这就意味着逃生过程的终止。因此，保护好口鼻，避免直接吸入有害气体，是最关键的处置方法。

逃离飞机后避免迎风跑动

飞机发生意外时，往往伴随浓烟失火甚至爆炸。浓烟和火焰会随着风势蔓延。因此，顺着风向跑动的乘客可能会受到二次伤害。逃离飞机后，乘客应该判断当时的风势，尽可能地远离飞机，确保最大的安全性。

空乘人员进行安全示范操作

飞机客舱内的紧急出口标志

飞机餐真的有那么难吃吗

飞机餐是民航飞机在航程中供应给乘客的餐饮。飞机餐菜式由航空公司确定，一般由指定供应航机饮食的厂商供应。这样的厂商被称为"空厨"。飞机餐在机场附近制作，并于起飞前直接运送至航机上，在航程中途飞机稳定时由乘务员放在手推车上分发给乘客。

不同等级客位的飞机餐，在菜式、份量及成本各方面都有分别。头等舱及商务舱的飞机餐，在食物及进餐程序上比照高级餐厅，虽然如此，但与真正的餐厅始终有别。而经济舱的飞机餐，则与快餐较为相似，以分发效率、储存体积及成本等为主要考虑因素，食物的味道当然难以令乘客有较高期望。

在短程的航线，例如两小时以内的国内或国际航线，则只供应一些小食、点心或三明治及饮品。一些极短程的航线则只有饮品提供。在中长途的航线，可能会有一顿以上的飞机餐。由于时差关系，通常每餐会每隔 5 ～ 6 小时供应，就算当时的所在地并非用餐时间，也可能在两餐之间提供食物。飞机餐的费用一般已包含在机票价格里。

飞机餐的味道较差，经常受到乘客的批评，但实际上，不同航空公司的飞机餐品质，也可能有很大的区别。随着航空工业的经济情况不断转变，飞机餐的质量也可能有落差。在长途航班的头等舱与商务舱，大多数亚洲与欧洲的航空公司，会提供多道佳肴。至于美国地区的航空公司，飞机餐通常份量较大，品质也较高，可能包括沙拉、牛排或鸡肉、马铃薯与冰激凌。也有一些地方，飞机餐的供应与成本也在近年大幅变化，财政压力使部分航空公司开始对飞机餐收费，甚至将之完全废弃，以小食加以取代。

还有一个原因，飞机在爬升过程中，机舱内的气压和湿度会下降。当飞行高度超过 1000 米时，湿度会低于 12%，已经比沙漠还要干燥了。人类对味道的感知，80% 来源于嗅觉，在如此干燥的环境中，人对于气味的感知就会失灵，因此会闻不到食物本来应有的味道，让人觉得食物淡然无味，因此感觉食物难吃。

泰国航空经济舱餐点

土耳其航空商务舱餐点

俄罗斯航空短途航班早餐

→ 飞机在夜晚降落时，为何调暗舱内灯光

在起飞或降落阶段空乘人员会将客舱灯光调暗，这样做并不是因为激发乘客的兴奋感，而是为了安全。民航业的很多要求和措施，首要的出发点都是"安全"。调暗客舱灯光，也是出于安全考虑而制定的措施。人的眼睛对于光线的变化需要几分钟时间来适应，有些人甚至需要 30 分钟，特别是从光亮的环境转换到黑暗的环境。如果能在这段时间内眼睛完全调整好状态就能快速作出必要的反应。另外，昏暗的环境中能更容易看到紧急标志。

由于大多数意外发生在飞机起飞或降落阶段，因此调暗客舱灯光并确保乘客做到充分准备，会令紧急情况下的安全性能大大提升。无论是白天还是黑夜，调暗客舱灯光都是让人的眼睛能适应自然光，如果发生意外时需要快速逃离飞机，此时眼睛已经做好了准备，能迅速作出反应。

此外，调暗舱内灯光可以降低不必要的能耗，使发动机产生的能量主要用于提供飞机的动力，确保飞机安全降落。

不过也有一些通宵的航班在巡航阶段将客舱灯光调暗是为了帮助乘客入睡，让乘客能更好地调节生物钟。随着技术的进一步发展，一些新的飞机上对于照明性能进行了技术革新，更有利于帮助乘客最大限度降低时差的影响。例如卡塔尔航空的一架运营伦敦到多哈之间航线的空客A350-1000 客机上，配备了现代化的照明系统，通过 LED 环境照明能实现 1670 万种颜色组合。这一系列的颜色组合可以模拟日出日落，这样能帮助乘客形成昼夜规律，减少时差的影响。同时还可以设定特定的颜色，让乘客保持清醒或者帮助他们更好地入睡。

调暗灯光后的空客 A330 民航客机客舱　　　空客 A350-1000 民航客机的客舱

为何上飞机要将手机调至飞行模式

近几年，很多航空公司都允许在飞机上玩手机、电脑、平板等电子产品，但要将其切换成飞行模式，避免电子设备发射的信号影响飞机飞行。

飞行模式又叫航空模式，其基本原理是关闭手机的 GSM/GPRS 功能，使手机处于不发射且还接收信号的状态，既不主动试图联系基站，又不影响手机其他功能。飞行模式顾名思义就是在乘坐飞机时开启的一种情景模式，启用飞行模式之后手机将断绝信号，从而避免对飞机上的仪器产生干扰。因为飞机在起飞、飞行以及降落整个过程中对于信号的要求非常高，如果信号受到干扰，可能会对飞机的正常活动产生影响，而手机等电子产品在开机的时候，要不断地接收以及发射信号，这样就会对飞机接收正常信号产生很大的影响。也有航空专家表示，即使手机采用飞行模式，也会产生电磁波和辐射干扰，只不过相对较低。尤其是有些手机的制作成本比较低，技术标准也比较低，信号屏蔽效果并不好，产生的辐射就会更大。尤其在飞机飞行过程中，机头和机尾部分的信号经常要互联。例如飞行人员要通过信号来观察飞机尾部。一旦机舱的尾部出现了冒烟、火灾等情况，飞行人员可以第一时间知悉。如果在机舱内，大量的乘客使用了飞行模式的手机，就存在干扰驾驶员判断的可能性。而且飞机上的仪表仪器也很容易受到电磁波信号的影响，电磁信号会严重影响飞机的导航系统，从而出现偏离正规路线的现象，一旦偏离正规路线，就会出现失联和脱轨的危险，严重危及乘客的生命安全。

因此为了保险起见，关闭手机是最安全的做法。

开启飞行模式的手机

乘客在飞机上关闭手机

坐飞机耳朵疼怎么办

之所以很多人在坐飞机时会出现耳朵疼的情况，原因就在于当飞机起飞或下降时，周围的空气压力骤然改变，耳道的气压跟周围压力一起改变，而鼓室内的压力还来不及调整，耳膜两边就产生了压力

儿童乘坐飞机时捂住耳朵

差。内外气压失去平衡，从而发生"压耳"现象，使耳膜充血。此时乘客就会感到耳朵疼，且人耳对飞机降落时的气压差更敏感，感觉耳朵会更疼痛。

在人体的外耳和中耳之间隔有一屋薄膜（即耳膜），此膜受到声波的撞击时产生振动。振动经耳膜内侧的听小骨、耳蜗和听神经传达到大脑，转换成为人们可以理解的信息。中耳腔和鼻腔有条相通的管道，我们称之耳咽管。正常情况下，耳咽管有空气进入，使到耳腔内的压力和隔着耳膜的外耳及外界的压力保持平衡。当这条管道受阻时，中耳内的压力和外界的空气压力不相等，耳内就有闭塞的感觉，听力会减退，甚至产生疼痛的现象。

飞机起飞或下降时，耳朵产生难受的感觉是普遍现象，虽然普遍感到不舒服，但有些人的咽鼓管通过较好的自我调节，并不会感到很疼。大致有四种人乘坐飞机时耳朵容易疼痛。

（1）咽鼓管功能差的人容易疼。因为生理发育不同，每个人的咽鼓管功能差异很大。

（2）婴儿和青少年容易疼。因为小孩的咽鼓管还没有发育好。

（3）患有鼻炎、鼻窦炎的人容易疼。此时咽鼓管容易被堵塞。

（4）感冒、鼻塞的人容易疼。此时咽鼓管也易被堵塞。

如果出现耳朵疼痛的现象，我们可以通过以下途径来缓解。

首先，做促使咽鼓管张开的动作，使耳膜内的压力可以及早作出调整。比如打哈欠、咽口水、吃东西、喝饮料等。佩戴飞机耳塞可以自动调节耳内气压，减缓中耳腔膜内的压力差，让咽鼓管能发挥正常的功能，消除耳朵疼痛或不适。

乘客坐飞机时感觉耳朵不适

乘客通过喝水、戴耳塞缓解耳朵不适

第6章

对于患上鼻塞、鼻敏感，或是感冒患者来说，耳鸣的情况可能更严重，耳朵不但会发痛，听力还可能会暂时受到影响。这类人群最好在踏上飞机前，找医生配给药物，如收缩血管的药水，在飞机起飞或降落前，滴进鼻腔，就能舒解不适。

→ 飞机上不能携带液体吗

在乘坐飞机过安检时，所有超过 100 毫升的液体都不能被带上飞机。之所以这么规定，是因为曾经发生过几次因为液态物品导致的空难。2002 年，曾有乘客在飞机上点燃易燃液体纵火，导致航班坠毁。2003 年，又有人利用易燃的液体实施劫机。2016 年，在跨大西洋航班的恐怖袭击事件中，英国恐怖分子试图携带液体炸弹计划炸毁 7 架从英国飞往美国的飞机。这是恐怖分子首次采用液体炸弹。值得庆幸的是，伦敦警察在袭击前就拘捕了主要嫌疑人，因此爆炸并没有发生。

为了将液体炸弹带上飞机，不法分子常常把装满可乐的瓶子密封起来，同时在瓶子下方装上一个假的瓶底，在瓶底内装满液体炸弹。为了蒙混过，液体炸弹被染成与可乐差不多的颜色，能装这种液体炸弹的容器多种多样，有可乐等饮料瓶，还有洗发水瓶，甚至是奶瓶。有相关报道指出，瓶子里的两个液体成分本身是无害的，如果将它们混合在一起，就能制成高性能炸弹，将两种液体带进机场是安全的，只需要在引爆时将它们混合就可以了。只要稍微伪装一下这种炸弹，就可以轻松逃过扫描仪的检测。不法分子将这种液体炸弹放在行李箱中，然后只需要用一次性相机的闪光灯就足以引爆炸弹。有反恐专家指出，袭击者只需要躲进飞机厕所里，用一段电线、一个电容器和电池，5 分钟内就可以完成引爆器的组装，然后就可以在厕所中引爆炸弹。虽然炸弹的威力并不巨大，但足以将机身炸开一个大洞，使飞机出现严重故障。为了避免此类事件的发生，各国航空部门开始逐渐加大对液态物品的登机限制。

除此之外，不能携带 100 毫升以上液体的规定还与高空飞行有关。高空中飞机周围气压的液体的沸点会随海拔升高而降低。比如地面上的水沸点是 100 摄氏度，到了高山上就会变成八十多摄氏度，平流层上会更低。如果带足够的液体上飞机，就会因为气压降低而沸腾，并且产生大量的气体，而飞机没有足够的空间容纳这些气体，因此可能会造成局部高压，并有发生爆炸的危险。

机场的禁止携带液体规定

安检过程中检查出的液体类型

飞机上如果吸烟会怎么样

20 世纪 30 至 70 年代，是空中旅行的黄金时代。当时的飞机上可以随意吸烟，甚至每个乘客的座椅旁有弹烟灰的暗格，有的航班还提供免费的香烟和火柴。由于当时对香烟认知不够，因此并没有严禁吸烟的条令。

1973 年 7 月 11 日，巴西里约格朗德航空一架从里约热内卢飞往巴黎的航班，因乘客将未熄灭的烟头扔进厕所垃圾桶引发火灾，飞机在巴黎奥利机场紧急降落，但弥漫在机舱内的烟雾造成 123 人死亡。

据国际民航组织统计，80% 的机上火灾都是由于乘客在厕所吸烟，并将烟头随意丢弃引起的。机舱起火带来的后果非常严重，即便是小火，也容易引起乘客恐慌、机舱内设备失灵，威胁飞行安全。一旦引发大火，则机毁人亡。此外，在封闭环境中吸烟，还会污染空气。

飞机上因吸烟引起的各类安全事件层出不穷，逐渐得到了各国政府的重视。但是从开始提出飞机上禁烟到世界各地明令禁止飞机上吸烟，也经历了 40 年的时间。每个国家的飞机禁烟史也不尽相同。

早在 1976 年，美国民用航空局已经提出了在飞机上禁止吸烟的相关规定条例。但是美国各大烟草商觉得这一禁令影响到了他们的利益，所以这一禁令并没有得到全面实施。20世纪70年代，美国联合航空公司成为世界上第一家在飞机上设立禁烟区域的航空公司。

此后，各个国家都相继完善了飞机禁烟令，最后只剩下古巴迟迟未颁布飞机禁烟令。因为古巴担心飞机禁烟令的实施会影响古巴雪茄的销量。后来在古巴飞机上一位乘客因为抽雪茄烫伤了隔壁乘客。随后在2014年，古巴颁布实行了所有航班全面禁烟的规定。至此，全球所有的航空公司都已实施飞机禁烟令。

不过也有乘客发现，虽然飞机上禁止吸烟，但是仍然可以看到飞机上设置有烟灰缸。

尽管国家已经明令禁止，而且航空公司也想出各种方法阻止人们吸烟，例如，在飞机上设置各种醒目的警示标志，广播重复提醒乘客禁止吸烟等，但是仍然会有乘客违反规定抽烟，而为了防止这部分乘客乱扔烟头引起安全事故，为了防患于未然，飞机上就安装了烟灰缸。不过更重要的原因是，国际民航明确规定，无论飞机上是否允许吸烟，都必须在醒目位置设置烟灰缸，否则将不予发放适航证。

飞机厕所安装的烟灰缸

飞机上的"禁止吸烟"标志

→ 民航乘客等级安检级别有几级

近年来，随着经济的不断发展以及民航业的进步，人们更倾向于乘坐飞机出行。与此同时，民航业也面临着巨大的挑战。航空运输的首要原则是保证安全，民航安检部门在保证安全的前提下，为航空消费者提供优质、高效、快捷的服务。

机场安检就是乘客从办完登机手续以后，进入隔离区的一系列安全检查措施，目的是保证航空安全和乘客安全。在有重大的安全事故、突发事件或者重大的活动时都会相应地提高安检级别。安检基本上分为四个级别，一级到四级，一级是最普通的，四级就是最高级的。

一级就是人们平常经历的普通级别，即一般的证照检查。二级主要在一级的基础上增加一个开包率，开包率要求不低于 50%；并且脱鞋、脱腰带要求不低于 30%；同时要在安检口、登机口增加安全检查人员。三级在二级的基础上在登机口还要抽查安检，一般是 10% 左右。四级就是开包率为 100%，包括脱鞋都是 100%，另外在登机口重新检查一遍，100% 重新检查。在空中还要增加安检人员，这是最高级别。

需要注意的是，机场应履行告知的义务，要让乘客事先有所准备。额外还需增加安检的窗口，需要增加安检人员。对于安检升级，乘客也要保持良好的秩序并表示理解，如比往常再提前一个小时左右到达机场。另外乘客在准备行李时要遵守相关要求，比如说禁止随身携带的物品一定要办理托运。

国外某机场安检大厅

机场安检人员

安检人员对行李进行检查

→ 飞机上乘客突发疾病怎么办

一旦飞机在空中遇到乘客突发疾病，那情况将不同于地面，这就意味着作为空中乘务员必须掌握好相关的航空医学知识并具备丰富的特情处置经验。

飞行中，客舱乘务员应加强巡视客舱，注意随时观察乘客，只要发现乘客身体有细微异常，都要引起足够的重视。原则上，当客舱里发生乘客出现疾病或者不舒服的情况，乘务员需要立刻报告乘务长，乘务长可以向全体乘客广播，求助相关医学人士；同时需要立刻报告机长，由机长联系空管部门，依照乘客情况请求备降或者优先降落。

乘务员在机上处理急救情况时，不是诊断某人的病情或进行预先治疗，而是提供必要的，但又是基本的急救，直到专业医务人员赶到。

第一步立即通知给乘务长，并给出下列信息：症状，包括有无知觉，乘客的姓名、性别、年龄和地址；乘客的目的地；医生的姓名和证件；着陆后需要的医疗帮助种类。第二步广播寻求医疗协助。第三步观察生命体征。第四步准备好急救设备，必要时吸氧。第五步为休克/昏迷病人提供急救。第六步尽快转送地面抢救治疗。第七步经机长同意，可采取记录和乘客签名的方法，了解事件经过或病人附近的 2～3 名乘客的姓名、家庭住址和电话号码，同时这些乘客也应提供有效身份证件。

空乘人员对病人进行检查

而作为突发疾病的乘客，如果觉得自己出现了较为严重的急症，需要立刻告诉乘务人员疾病的严重程度，通知机长，请机长即刻与塔台联系。飞机落地后，病人会由地勤协助医护人员抬入救护车送往医院进行救治。

空乘人员进行急救训练

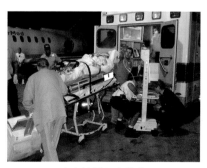

病人被送入急救车

→ 为何飞机起飞前 30 分钟停办值机

很多乘客都以为起飞时间应该是飞机离地的时间，其实根据民航有关规定，民航班期时刻表向乘客公布的起飞时间是指地面保障工作完毕，飞机关上客、货舱门的时间，而不是飞机离地升空的时间。

飞机起飞前 30 分钟停办值机有以下一些原因。

（1）运输值机、配载人员要结算乘客人数、行李件数，结合货运装运情况计算飞机载重，画出平衡表及重心位置，做好舱单后送交机组签字。

（2）要将乘客托运的行李核对清楚后装运飞机。

（3）要对办完乘机手续的乘客进行安全检查。

（4）广播通知乘客到指定登机口检票，并引导乘客登机。如登机乘客须使用摆渡车运送，则耗时更长。

（5）乘务员清点飞机上乘客人数、与地面检票情况进行核对，防止有人漏乘，然后进行飞机起飞前的准备工作，给乘客讲解有关注意事项和飞机上设备的使用方法，检查行李架上的行李是否放好，乘客的安全带是否系好等工作。

　　为保证航班正点起飞，机场方面必须严格执行提前 30 分钟停止办理乘机手续的规定。航空运输具有高风险、高投入等特点，因此民航部门必须千方百计减少不必要的损耗。飞机离站前 30 分钟如果乘客仍未办妥登机手续，则视为该乘客误机，已放弃乘坐这次航班。为减少座位空耗，此时可以让等候补票的乘客购票乘机。误机的乘客事后可以将票退掉，或者在后续航班有空余时改乘下一班。

雅典国际机场大厅

乘客正在机场大厅办理值机

乘客在柜台办理值机

→ 乘坐飞机受到的辐射有多大

在我们的日常生活中就有各种各样的辐射，在飞机上人体受到的辐射确实会稍微强一些，因为飞机处于高空中，空气会变得稀薄。飞机距离地球表面越远，单位空间中的气体分子数量就越少，反射来自外太空的射线的气体分子就越少。在大气屏蔽作用减弱的情况下，人体接受到的辐射就变多了。有研究表明，飞机飞行高度每增加 2 千米，人体受到宇宙射线照射剂量就会增加一倍。在距离地表 1 万米的高空中，宇宙射线的强度大约有每小时 0.006 豪希弗（mSv，是辐射剂量的基本单位之一，也是适合计算人类承受辐射剂量的一种单位）。但是，也不排除有辐射大的时候，那就是太阳耀斑爆发的时候，这时太阳会产生大量的辐射，不过发生这种情况的概率是很小的。因此，除非是经常乘坐飞机，偶尔飞行时受到的辐射基本上是微不足道的。

相关人员做过实验，CT 扫描一次剂量为 2 ～ 10 豪希弗，平时做 X 射线的心肺检查，一次辐射基本是 0.2 豪希弗左右，而航空飞行的辐射一般是每小时 0.005 豪希弗。也就是说，一次 X 光检查大致相当于坐 40 小时飞机的辐射量。而且各国对辐射量有严格的标准，规定了普通民众、乘客一年的辐射量不超过 5 豪希弗；一名从事 X 射线工作的专家，每年吸收的辐射量不得超过 50 豪希弗；机长或空乘人员，只要不超过 20 豪希弗就算正常。

空客 A300 民航客机的客舱

乘客正在登机

→ 飞机行李托运需要注意什么

　　飞机对托运行李的体积、重量和行李内携带的物品有严格要求，在飞行过程中为了保证行李的安全性，因此乘客在托运行李时需要遵循相关规定，避免行李不能托运。

　　行李分为托运行李、自理行李和随身携带物品。航空公司在收托运行李前或在运输过程中，发现行李中装有不得作为行李或夹入行李内运输的任何物品，可以拒绝收运或随时终止运输。

　　乘客必须凭有效客票托运行李。承运人应在客票及行李票上注明托运行李的件数和重量。一般情况下，飞机可以免费托运行李的重量是15千克，超过这个重量，航空公司不再为乘客提供免费行李托运服务，如果乘客确实要托运，可以额外付费让航空公司托运行李。航空公司会有免费帮助乘客托运两件行李的义务，但乘客超过两件行李的托运也是要额外支付费用的。

　　航空公司托运行李中所用的液体要保持密封，以保证在托运时不会出现被洒出的情况，且液体容量不得超过100毫升。如果乘客有密封性不好的液体时，如化妆水等物品，就要在机场相关工作人员专门打包好之后，行李才能被托运。需要注意的是，机场打包费是需要乘客自己付费的，机场不提供免费服务。

　　在飞机上，携带的行李内物品不能含有可燃、易爆、有毒、具有放射性、易腐蚀物品。火器、管制刀具等也禁止携带。还有被航空公司禁止托运的物品，包括一些易碎或易损坏的、易腐物，如贵重的珠宝、金属、古玩字画等物品。

　　乘客应在航班到达后应立即在机场凭行李牌的识别联领取行李。必要时，应交验客票。因许多行李很相似，乘客从行李传送带上把确认的行李取下来之后，应查看一下标签的名字和号码以防拿错。乘客如果遗失了行李牌的识别联，应立即向航空公司挂失，后期如果要领取行李，应向航空公司提供足够的证明，并在领取行李时出具收据。

乘客正在对行李进行托运

法兰克福—哈恩机场的行李传送带

行李传送带上的行李

托运后的行李都放在哪儿

　　随着现在交通越来越发达，人们的出行也变得非常方便，尤其是民航飞机普及之后，就一直是人们出门首选的交通工具。航空公司对行李的重量都是有要求的，超过规定的重量就不能带上飞机，只能选择行李托运。

　　一般情况下，工作人员会把需要托运的行李装上推车，然后再送到飞机下面，打开飞机的货仓，由输送带慢慢地把行李送到货仓内，当行李全部装好之后，乘客才可以上飞机，而整个过程乘客基本上是不知情的，乘客只知道当自己达到目的地时，行李也一起到了。其实行李就被放置在飞机的货舱里，跟着飞机一起走的。

　　不过也有例外，如果飞机本身载重量有限，而需要托运的行李又很多的话，工作人员会把行李安排到下一趟飞机上，或者集中起来，统一安排货机来处理。

　　飞机到达目的地后，待飞机停稳以后，机场工作人员随即就要卸行李，确保乘客在下飞机后能及时拿到行李而不耽误后续的行程。但乘客从通道下机后需要去前厅取行李，这是因为行李需要装车、卸车、放上传送带并被送到前厅。

　　行李传送带是一种通常出现在机场行李提领处的设备，是为使托运行李的乘客在他们的目的地认领行李。并非所有机场都配有此种设备，而大型机场则通常配有多条行李输送带，每一条都会显示输送的是哪一

第6章

班飞机的行李。某些机场会要求乘客出示行李条收据，才能提领其托运行李。这样的措施有两个目的：一是减小行李遭窃的概率，二是避免乘客错拿他人行李。

空客 A320 民航客机的行李舱

工作人员将行李放入行李传送带

行李被贴上行李牌

托运的行李被送上飞机

→ 造成航班延误的原因都有哪些

航班降落时间比计划降落时间延迟 15 分钟以上或航班取消的情况被称为航班延误。经常坐飞机出行的人士，都可能会遇到飞机延误的状况，不管出于什么原因的航班延误，都会耽误乘客的旅行时间。一般情况下，造成航班延误的原因主要有以下几个。

天气原因

由于一些不可抗的天气因素，比如雷、雨、雾等导致航班延误的现象最为多见。天气原因要看出发地机场天气状况适不适宜起飞；目的地机场天气状况适不适宜降落；飞行航路上气象状况适不适宜飞行。还有一种情况就是去同一个目的地，有的飞机能飞，有的却被告知需要延误，出现这种情况时首先要明白飞机的起降和飞机的机型有很大的关系，同样的机型在每个航空公司的具体安全标准也有很大的差异，机长对当前的气象及趋势作出的决策也大不相同，其主要取决于机长对飞机状态、机场、气象等判断后的决定。

航空管制

因空中交通管制造成的航班延误也十分常见，近年空中交通流量增长较大，飞行管理难以适应。一方面，民航发展速度快，航班量急剧增加，但是相应的地面设施没有跟上发展的节奏，导致设备、服务保障方面发展缓慢，航路结构不合理，无法适应当前高速发展的民航业，因此就对空域实行严格限制进行流量控制；另一方面，由于空军活动涉及国防机密，所以往往会临时进行航空管制，遇到这种情况只能等待，没有理由，没有预计时间。

飞机故障

随着飞机技术的高速发展，飞机的安全系数也在不断提高，也具备详细的定期维护计划，绝大部分的故障隐患都会在这些例行检查中得到及时处理。但也无法保证飞机设备不会突然出现故障，为了确保安全，彻底排除故障隐患就会造成一定程度的延误。飞机故障必须确定解决，飞机才能正常飞行。一般来说，如果飞机故障地为该航空公司基地，排除故障时间较快，即使是大故障一时难以修复，也会因为在基地，从而比较容易调配其他飞机，延误时间会较短。但如果飞机故障地为外站，当地缺少必要的检修设备、零件和维修人员，这种情况造成延误的时间就很难确定。如果是飞机故障一时难以排除，即使调配其他飞机也需要较长时间。

马来西亚航空公司的空客 A380 民航客机正在起飞

乘客原因

在造成航班延误原因中，乘客原因的人为因素已成为新的增长点。据统计，因乘客原因导致的航班延误占不正常航班的3%，和飞机故障造成的延误数量相差无几。

航空公司原因

所有飞机晚到的原因，航空公司都会将其统称为飞机调配。每架飞机航班计划都预先排好，而现状是飞机飞行密度大，协调起来困难，前一航班出现任何疏漏都有可能引发后续航班的连锁反应，往往越到后面延误时间越长。现在的航空公司机队规模都很小，可供调配余地小，加上航线、机场等配套不是很完善，导致航班运行整体效率偏低，一旦发生意外情况，其应变、调配能力较差，目前尚无完善可行的协调机制来解决此类问题。

隶属汉莎航空公司的波音747民航客机

不同航空公司的客机停于洛杉矶国际机场

空中交通管制有哪些主要任务

空中交通管制是从 20 世纪 20 年代开始实施的，是国家在平时或战争情况下对领空或某一空域一切飞行活动实施的统一监督、管理和控制的统称。空中管制包括战区空域管制、空中交通管制和空中流量控制、情报报知和管制报告等。目的是通过控制空域使用，保卫国家空中安全，维护飞行秩序，提高空域使用效率。

空中交通管制的原理是利用通信、导航技术和监控等专业手段对飞机飞行活动进行监视、控制与指挥，从而保证飞机飞行安全以及使飞机按照一定线路秩序飞行。飞行航线所处的空域被划分为不同的管理空域，包括航线、飞行情报管理区、进近管理区、塔台管理区、等待空域管理区等，并按管理区的范围与情况选择使用不同的雷达设备对飞机进行管制。在管理空域内进行间隔划分，飞机间的水平和垂直方向间隔构成空中交通管理的基础。由导航设备、雷达系统、二次雷达、通信设备、地面控制中心组成空中交通管理系统，完成监视、识别、引导覆盖区域内的飞机，保证其正常安全的飞行。

空中管制的主要任务有：①全面实施战区空中管制，实时掌握空中动态，有效管理民用航空活动，为作战行动或紧急情况处置提供空域或其他便利。②严格执行空中管制计划，加强空中管制协同，保障空中运输畅通。③协助识别空中目标，防止误击误伤，确保管制空域使用的安全有序。战区航空管制的协同既有作战指挥系统内部的协同，也有与战区内集结的诸军种、兵种参战部队和保障单位之间的协同；既有军用航空各级空中管制机构之间的协同，也有军用航空管制机构与民用航空管制机构之间的协同；还有临时性任务随机协同等，使空中战场管制协同十分复杂。

机场塔台内部

塔台工作人员正在工作

位于温哥华加连威老广场顶部的控制塔

如果机长"疲劳飞行"怎么办

在长途飞行当中，乘客虽然只是坐着，但是因为飞机上没有什么娱乐活动，很多人都会感到无聊，因此都会忍不住在座位上睡觉。那么机长是否也会出现疲劳飞行的情况呢？

疲劳飞行是机长的第一大忌，而缓解疲劳最有效的方法就是让机长休息好。正因为如此，民航局和各个航空公司都对机组执勤时间有极为严格的规定。只有机组休息够了才能给乘客提供安全保障。

美国的 FAA 在飞行中做过测试，一个机长在疲劳缺氧的时候，他认为自己很清醒，此时记录看到地面灯光的数量；当他吸氧足够的休息后，疲劳缓解，再去数同样的灯光，结果让他自己都大吃一惊——数出来的灯光数量是疲劳状态下的好几倍。疲劳飞行下，机长会本能地做出"偷懒"的直觉反应。

　　飞机从起飞到落地，都需要机长精神和注意力高度集中，他们通过视觉、听觉、嗅觉、触觉去准确感知飞机状况，监控空中天气情况、前后机距离、航路空域活动状况、飞机的状态，以便随时处理突发状况。

　　不过现在的飞机都装有自动驾驶系统，且都有两位机长协同合作。根据规定，在其中一名机长入睡的时候，另一名机长是要保持清醒状态的，负责一直监视仪表，保证飞行安全，两个人轮流休息，从而让飞机能够安全地到达目的地。

　　在欧洲，机长每天最大的飞行值勤时长为 13 小时。但是，机长每天、每周、每月或是每年飞行值勤的时长，可能很复杂，这取决于诸多因素，诸如他们的时区适应情况、他们将要连续飞行的航班数量以及机上机组人员的数量。对于连续多次的飞行以及夜间飞行后的休息时长，也有具体且非常明确的规定，在这些时间段内的机长必须有固定的休息天数。

　　机长的休息期是指从机长到达休息地点起，到执行下一次任务离开休息地点为止的连续时间段，在该段时间内，不得为机长安排任何工作或给予任何干扰。如果遇到航班延误者其他原因，机长的工作强度时间大于计划的工作时间，就要给机长安排额外的休息时间。机长的飞行时间、执勤时间和休息期间是有严格规定的，并不是想更改就更改的。

飞机正、副机长正在操控飞机

正在休息的飞机机长

正、副机长进行飞行前仪器检查

→ 航班确定后，航空公司和机组人员需要准备什么

航班确定以后，航空公司下属的各部门就要齐心协力确保航班的正常运行。

航空公司所属的飞机维修部门首先行动起来。他们利用飞机停场的时间，检修和维护飞机，发现并确定飞机是否存在影响飞行的设备故障，有一些故障，他们能够及时进行修复。如果故障较大，维修组人员有权停止飞机的飞行，安排其他飞机执行这次航班任务。

航空公司的运输部门负责飞机客票的销售、货物托运、机上的食品和用品的准备等工作。

航空公司的油料部门要准备飞机使用的燃油及其他油料的添加工作。

航空公司的航务部门要搜集气象情报，安排机组人员工作就位。下属的签派室专门负责制订飞行计划，并将本次飞行计划通知空中交通管制部门，经对方同意后，签派室则代表航空公司负责飞机的放行及以后整段时间内飞机的运行和安排。签派室是航空公司的飞行指挥中心。

机长及全体机组人员在接到任务通知后，要做一系列准备工作，大致情况如下：飞机起飞前8小时之内，他们不能饮酒也不能食用易引起腹泻的海鲜、贝类等食物，带好必要的有效证件。在飞机起飞前1～2小时必须抵达机场，先到航管部门签到，再到签派室与签派人员仔细研究飞行计划、飞行高度、使用的航线、天气状况、可能发生的问题等。

天气状况有很多不确定因素，如目的地的机场可能因天气恶劣而关闭，那么飞机就要在备用机场降落。所以在正式的飞行计划之外还要做一个备用计划，使飞机能在出现计划外情况时，还有能力继续飞行。确定飞行计划后，由签派员签发放行许可单。随后机长召集全体机组人员开一个飞行前的准备会。机组成员在会上相互熟悉一下，机长向大家说明本次任务的情况，并向各部门工作的负责人布置具体任务。机上各部门工作人员向机长汇报工作准备情况。大约在飞机起飞前40分钟，机组人员开始登机。登机前机长或副机长要在地面上先绕机一周对飞机进行例行检查，地面维修人员向机长交代飞机的状况。在维修工作方面，放飞一架飞机有严格的标准，个别系统的某些故障有时并不影响飞行安全。但机长对这些标准的掌握具有决定权，如果认为这些故障不能保证飞行

安全的话，机长可以决定不使用这架飞机执行本次航班任务。

　　机长和机组成员登机的同时，其他各项工作也在紧张有序地进行，如加油、上水、上各种餐饮食物及机上用品、乘客登机、货物和行李装机等。在飞机货舱内装入货物时，配载人员要认真仔细地按重量安排货物的安放位置，使飞机的重心保持在一定范围内，这样才不至于导致飞机在空中操纵困难。这类工作都是由专门的人去做的。装货完毕后，要将这些配载数据填在飞机配重表和平衡图上，然后交给机长，机长同意后签上字。配重表和平衡图是这次飞行的随机文件，由机组保存。机上的乘客位置也影响着飞机重心的改变，因此即使在机上空位较多的情况下，乘客也不能随意选择座位，而必须服从乘务员的安排，在指定位置就座。某些发动机装在尾部的飞机，它的重心靠后，当乘客较少时，乘客就被要求集中坐在前部以保持飞机的重心位置。

　　地面人员把乘坐本次航班的乘客名单交给乘务长，乘务员清点乘客人数准确无误后，将机舱门关好，飞机就准备起飞了。

乘客正在登机

乘客正在客舱寻找座位

机长正在操作驾驶舱的仪表

民航客机有没有出现过乘客和行李太重无法起飞的情况

　　民航客机飞行时经济性是运营时需要考虑的重要因素之一。民航客机的起飞重量越大，运营的经济性就会越好。但如果民航客机的商载达到一定的阈值，使飞机的起飞重量超过其最大起飞重量，就会造成飞机起飞滑跑距离延长，起飞上升率小于正常值，从而危及飞行安全。因此，民航客机每次飞行时，都需要进行飞行程序规划，根据特定机型、当时的气象条件、跑道长度、机场标高、上升梯度限制，确定飞机的最大允许起飞重量，这是飞行程序规划的重要内容之一。在确定最大允许起飞重量后，就能对民航客机的实际起飞重量进行检查，保证起飞安全。

民航客机实际起飞重量等于飞机空重、所加燃油重量、商载重量之和。其中，飞机空重是已知的常量，燃油重量是飞到目的地所需燃油重量与备份燃油重量之和，因此，对民航客机实际起飞重量影响比较大的变量就是商载重量。商载重量包括乘客的重量、托运行李的重量、随身携带行李的重量、承运货物的重量。托运行李的重量和承运货物的重量可以通过称重获得实际的重量数据；乘客的重量通常可以根据最大载客数与乘客重量平均值求得；随身携带行李的重量可以根据最大载客数与允许随身携带行李重量限制值求得。在计算得到飞机实际起飞重量后，只要不超过最大允许起飞重量，飞机就能正常安全起飞。否则，就必须减少承载重量。

由于起飞重量检查工作在起飞前进行，只要是正确进行重量检查并且通过检查的民航机，起飞重量均符合飞行要求，就不会出现因乘客和行李太重而导致民航客机不能起飞的情况。

乘客正在进行安检

洛杉矶国际机场的行李传送带

乘客正在办理行李托运

第7章
飞 行 篇

　　民用飞机是现代科学技术的高度集成。近十多年来，高新科技的研制和应用正在进一步提升民用航空的安全水平，促进民用航空持续快速发展。

→ 概述

在古代，关于人类飞翔的神话很多，在神话中有的人长出双翅，也有的人变化为鸟类，但更多的则是利用工具飞行。遗憾的是，无论神话中的人们利用哪一种方式飞翔，这个梦想都始终未能真正在现实世界中实现。直到20世纪初，人类才迎来了飞行历史上的重大跨越。1903年，美国的莱特兄弟（威尔伯·莱特和奥维尔·莱特）制造出了世界上第一架依靠自身动力进行载人飞行的飞机——"飞行者1号"，并且试飞成功。

"飞行者1号"飞机

早期飞机并没有军用和民用之分。第一次世界大战结束后，为战时需要而生产的大量飞机，仅作一些简单的改装就用于运输邮件、货物和乘客。但是，民用飞机和军用飞机的最大差别在于运营的经济性，所以民用飞机不能简单地用军用飞机改装，随着航空工业的不断发展和被用于国民经济的各部门，飞机便分成了军用和民用两大类。

民用飞机分为商业飞机和通用飞机。商业飞机有国内和国际干线客机、货机或客货两用机以及国内支线运输机。通用飞机有公务机、农业机、林业机、轻型多用途机、巡逻救护机、体育运动机和私人飞机等。民用飞机可以随时转为军用。海湾战争期间，美国曾动员民用飞机用于军事运输。预警机、加油机等军事用途飞机也往往由民用飞机改型而成。

美国航天局的固定翼飞机

　　在全球范围内，民用航空每年在客机上运送的乘客超过 40 亿人次，每年运送的货物超过 2000 亿吨，不到全球货运量的 1%。大多数飞机都是由飞机上的机长驾驶的，但是有些飞机则设计为可远程控制或由计算机控制，如无人机。

　　民用航空是航空活动的一部分。民用航空的发展主要表现在客货运输量的迅速增长，定期航线密布于世界各大洲。由于快速、安全、舒适和不受地形限制等一系列优点，民用航空在交通运输结构中占有独特的地位，它促进了国内和国际贸易、旅游和各种交往活动的发展，并使在短期内开发边远地区成为可能。

不同涂装的别 -103 通用飞机

波音 747 民航客机组装线

→ 飞机如何防止鸟撞

国际民航组织在全世界范围内，每年都会收到2000多起鸟撞的报告。鸟撞对于飞机所造成的后果有时是很严重的，飞机的高速运动使得鸟撞的破坏力达到惊人的程度，一只麻雀就足以撞毁降落时的飞机发动机。这是因为飞机的相对速度大，与物体相撞后的力量就大。超过飞机某一部件的承受力，就有可能损坏飞机的机体或零部件。

大部分鸟类活动在4000米以下高度的天空，这正是飞机下降着陆或刚刚起飞之后爬升的高度。因此鸟撞大多发生在机场附近。把机场附近的鸟类驱赶走是机场当局一项很麻烦的任务。动物当然需要保护，所以不能去杀害它们，一般的驱赶又不能解决根本问题。

为了更好地进行驱鸟工作，各国的机场也想出了各种应对方法。每个机场都会配有专门进行驱鸟工作的驱鸟员。驱鸟员的任务主要是使用高空驱鸟弹、警报等不同方式驱鸟；同时在飞机起降点等重点部位严加看守，发现鸟情时通知驱鸟车及时驱赶，发现围界外有影响飞行安全的鸟群时及时通报塔台。机场驱鸟的设备有很多，有煤气炮、定向声波驱鸟器、风动恐怖眼、拦鸟网等设备。除了驱鸟员和上述驱鸟设备的使用，机场也在不断探索新的积极有效的驱鸟方法。如清除机场附近的杂草、填平水塘断绝鸟类在此栖息的条件，用各种方法断绝鸟类的食物来源，用鞭炮声惊吓鸟、用鹰隼捕食鸟等。据说澳大利亚一家航空公司还别出心裁地在飞机前方画

上一个大嘴，两侧再画上两只大眼，让飞机也变成一只大鸟，鸟儿们从未见过如此凶恶的"同类"，于是都被吓跑了。尽管各式各样的办法都在使用，可是迄今为止该问题依然没有完全解决。

工作人员正在处理因鸟撞造成驾驶舱玻璃损坏的飞机

撞上客机机鼻的飞鸟

飞机机翼因鸟撞造成的损坏

→ 飞机如何进行除防冰工作

　　外界温度低于 5 摄氏度，能见度低于 1500 米的雾和雨雪、雨雾以及冰雹等任何明显的潮湿情况，以及跑道上的积水、雪水和积冰、积雪等都是导致飞机结冰的因素。飞机之所以要进行除防冰作业，是因为飞机起飞是靠机翼在空气中相对运动形成的升力，飞机在达到一定的速度后机翼会产生上浮的升力，而起飞的速度则是根据飞机的重量算出，升力的大小依机翼的形状而变化，所以飞机起飞时机翼表面不能有其他附着物。

　　多数机场目前采用的除冰方法有停机位除冰和在机场指定区域内的定点除冰。飞机的除防冰作业是以除冰车向飞机喷洒除冰液将雪和冰融化，之后如果至飞机起飞前仍持续降雪或者判断机翼表面的水分有可能再发生积冰时，还要在机翼表面再度喷洒防冰液。除冰车上装有上述除冰液和防冰液两种液体。除冰液，是水和原液的混合液经过除冰车上的锅炉加热至 65 ～ 85℃后进行喷洒；防冰液，也是水和原液的混合液，但一般无须加热。防冰液喷洒后的有效时间根据气温变化会有所不同，如果是小雪程度的持续降雪，可以保证 40 分钟左右时间机翼上不再积雪和积冰。

结冰后的民用飞机

　　除降雪天气外，还有一种情况需要对飞机进行除霜作业。当飞机机翼中的燃油箱在室外温度

–50℃的平流层经过数小时的飞行后，降落时的燃油温度为零下时，如果地面湿度高附着在机翼外表的水分就会结霜，这个时候就需要进行除霜作业。另外，气温在零下时出现的浓雾，如果附着在冰冷的机体上也会形成一种眼睛所看不见的被称为 clear ice 的表膜，这时也需要实施除防冰作业。

在遇到降雪天气时，机场必须同时进行跑道、滑行道的除雪作业和飞机的除雪除冰作业，而且机场跑道如果达不到飞机的起飞标准，机场就会关闭。

飞机正在进行除冰工作

肯尼迪国际机场上停放的客机

波音 777 民航客机在雪地上空飞行

→ 飞机飞行时产生的白烟是什么

喷气式飞机在高空飞行时，机身后边会出现一条或数条长长的"白烟"，人们称它为"飞机拉烟"。其实，这不是喷气式飞机喷出来的烟，而是飞机排出来的废气与周围环境空气混合后，水汽凝结而成的特殊云系，航空飞行界和航空气象学上称之为飞机尾迹。

按成因，飞机尾迹可分成废气尾迹、空气动力尾迹和对流性尾迹。废气尾迹又可分为废气凝结尾迹和废气蒸发尾迹。

飞机飞行时消耗大量的燃料，所产生的水汽和部分热量随废气排出飞机体外，进入大气层，并与周围环境空气迅速混合而形成凝结尾迹。它的形成过程与人们常见的地面上的露水、霜和空中的云不同。飞机在高空飞行时排出的废气与环境空气相混合，此混合气体的饱和程度取决于热量与水汽增量两者的净效应。当增湿效应占优势并超过某给定的临界值时，就会有凝结尾迹形成；当增热效应占优势时，则不会发生凝结现象，也就不会出现凝结尾迹。由于废气的增热与增湿效应是一定的，所以，此混合气体中究竟会不会出现凝结现象，将取决于环境空气自身的温度、湿度和大气压力。简而言之，环境空气温度高时是不利于凝结尾迹的形成的；只有当环境温度相当低（通常在 -40℃ 以下）时，才有可能出现飞机凝结尾迹。据有关资料表明，出现飞机尾迹时，空气温度多在 -60 ～ -41℃，约占出现飞机尾迹的 86%，如果空中温度高于 -40℃，一般很少会出现飞机尾迹现象。

总的说来，冬天出现的次数多于夏天。尾迹层的厚度平均在 1 ～ 2 千米，下限高度冬季最低，夏季最高。在较厚的飞机凝结尾迹中，不同高度上形成的尾迹长度和浓度也是不一样的。通常在它的底部出现是长度较短而浓度较淡的尾迹，向上逐渐加长变浓，待达到一定高度后，再往上，又变成了断断续续色调浅淡的尾迹。

飞机产生的尾迹特写

233

飞机飞行产生的尾迹

→ 飞机在夜间安全飞行靠什么

由于黑夜遮蔽了人们的视线，最直接的影响就是机长的视觉受到了很大的影响，从而丧失了对外界环境和情况最直观的感觉。同时，人体的感官系统和神经系统相互影响，在黑夜遮蔽视觉后，会进一步丧失判断高度、速度、旋转角度等的能力，进而影响到人的其他感官和动作反应。在飞机操纵方面，由于夜间视物没有白天清楚，所以各种操纵都要依赖飞行仪表和雷达导航设备，从而判断姿态、调整动作，这就对飞行器座舱的夜间操纵、飞行器自动导航瞄准等方面提出了更高的要求。

现代飞机的导航系统都非常发达，机长可以在完全看不到

伊尔-96 民航客机正在着陆

外部景物的情况下，通过雷达、地面导航、GPS 卫星定位等方式，清楚地知道现在所处的位置，以及附近是否有另一架飞机在飞行、距离如何等信息。所以夜间正常飞行不靠机长的眼睛，主要靠雷达等仪器仪表。

DC-8 民航客机侧方视角

　　因为现代飞机普遍采用数字化座舱，实际上就是把上述仪表提供的动态数据，整合成液晶显示。另外，为了方便机长在夜间观察仪表和操作设备，飞机座舱配备了大量的光源，包括每一个按钮，每一个显示屏都配备了低亮度光源，可以为机长提供视觉照明和辅助指示。要是没有标示飞机状态的仪表盘和标示飞行数据的仪表盘，机长就不能了解飞机的情况；要是没有无线电导航系统，就很有可能找不着要着陆的机场，这样也是很危险的。

　　但是在起飞和降落时，机长的眼睛还是有很大作用的，因为除了一些简易机场，正规的机场都会有跑道和降落指示灯等装置引导飞机着陆，机长在某些机场夜晚看跑道甚至可能比白天更清楚。而一些机场配备的盲降设备甚至可以在有雾的情况下，或者在机长在远处根本看不见跑道时引导飞机着陆。

　　借助于现代电子信息技术的发展，机长还可以在夜间飞行，借助自动驾驶仪，减轻飞行负担。

波音 787 民航客机在夜间飞行

→ 飞机巡航的速度和高度分别是多少

在客机的设计中，非常重视巡航时的最佳性能。巡航分为航程巡航、航时巡航、给定区间最小燃料消耗巡航等，虽然都要求飞机以省油、经济的速度巡航，但这些指标是有差别的。航程巡航要求飞机能以航程最远的巡航速度飞行；航时巡航则要求飞机能以留空时间最长的巡航速度飞行；等等。

巡航速度是根据机体重量、飞行高度、外气温度、发动机功率状态等参数确定的，因此表示巡航速度时不能单纯地使用速度，同时还要给出构成其背景的各种条件。此外，巡航速度是飞机的巡航参数之一。巡航状态不是唯一的，每次飞行的巡航状态都取决于许多因素，如气象条件、装载、飞行距离、经济性等。因此，每次飞行所选定的巡航参数（包括巡航速度）常有所不同。同样是巡航，由于任务要求不一样，不同飞机选定的巡航速度也就不一样。

对于大部分商业航线来说，巡航过程消耗了大部分燃料。在巡航过程之中，随着飞机不断地变轻，更高的高度会有更好的燃料经济性，但在实际操作中，由于空中交通管制方面的因素，飞机一般都在一个特定的高度巡航。但是在一些长途航线上，机长会向空管请求爬升到一个更高的高度。

具有三根指针的灵敏航空高度计

确定飞机的巡航高度应考虑以下几点。

（1）按燃油最省原则确定的巡航高度，称为最佳巡航高度。

（2）满足飞机机动飞行时巡航高度的限制要求。

（3）满足高温时发动机推力限制对巡航高度的要求。

（4）航程长短和空中交通管制规定对巡航高度的要求。

与低空相比，喷气运输机在高空巡航的燃油消耗更少，飞行高度更高，飞行每千米需要的燃油消耗量相对较少，所以巡航高度通常较高，可升高至对流层顶端附近。飞机起飞前，机组会将准备好的资料中有关各航路的巡航高度等数据输入FMC（飞行管理计算机）中。飞机起飞后，衔接自动驾驶，届时会自动按规定的巡航高度飞行。

飞机上使用的大气数据计算机

早期飞机使用的高度计

飞机上遇到颠簸会不会有危险

　　产生飞机颠簸的基本原因是大气层中存在空气乱流。这些不稳定气流的范围有大有小，方向和速度也各不相同。当飞机进入与机体尺度相近的乱流涡旋时，飞机的各部位就会受到不同方向和速度的气流影响，原有的空气动力和力矩的平衡被破坏，从而产生不规则的运动。飞机由一个涡旋进入另一个涡旋，就会引起振动。当飞机的自然振动周期与乱流脉动周期相当时，飞机颠簸就会变得十分强烈。

　　按颠簸强度可将飞机的颠簸分类为轻度颠簸、中度颠簸、重度颠簸。

　　轻度颠簸主要表现为在座位上的人员可能感觉到安全带或者肩带轻微受力，未固定的物体可能被稍微移动，行走几乎没有困难，不影响客舱服务。

波音 777 民航客机正在起飞

　　中度颠簸主要表现为在座位上的人员能感到安全带或肩带的受力，八成满的饮料从杯中溅洒出来，客舱服务受到影响，客舱内走动困难，未固定的物体被移动。

　　重度颠簸主要表现为在座位上的人员感到安全带或肩带猛烈受力，未固定的物体前后左右摆动、抛起，无法进行客舱服务。

　　飞机在颠簸区中飞行时，由于气流的不规则变化，会使飞机高度、

第 7 章

速度和姿态经常出现不规则的变化。颠簸强烈时，飞机忽上忽下的高度变化经常可达数十米甚至数百米，这样会给飞机的操纵带来很大的困难。由于飞机状态的这种强烈的变化，机长必须花费更多的精力来及时控制飞机处于正常状态，因而体力消耗大，易于疲劳。

机组在飞行过程中，只要有可能就应该避开已知的或预报的严重颠簸区域，如果颠簸无法避免，则要将速度保持在本机型所提供的目标速度范围以内，这样可提供最佳保护以防止阵风对结构限制的影响，同时保持大于 VLS（最低可选速度）的充裕程度。

遇有颠簸，乘客应立即系好安全带，听从乘务员的安全指令，回座位坐好，停止使用卫生间，即使出现心理不适，也不要出现抵触情绪。

突发强烈颠簸时，乘客可能离座位较远，来不及回座位，那么乘客应该立即蹲下，抓住旁边可固定的物体，如座椅护手、座椅脚柄等；乘客有可能正在使用卫生间，卫生间是没有安全带的，要立即抓住水盆边缘、门把手等坚实物件，有很多机型的厕所马桶旁配有辅助手柄；如乘客正在用餐、用水，特别是热饮，可以立即将餐饮放置在地板上。

专业人员对因飞机颠簸造成伤害的乘客进行救治

飞机客舱发生强烈颠簸

飞行中的 BAe146 民航客机

→ 飞机为何不能横跨太平洋

众所周知，两点之间的最短路径便是所谓的直线间隔。从平面图上看，横渡太平洋确实是一条较短的路线。但地球是一个弧形的球体，越靠近赤道，跨越的距离就越长。因此跨越太平洋并不是最短的距离，而是需要绕上一大圈。因此，为了尽可能减少成本和提高收益，航空公司会优先考虑较短的航线，减少旅行时间和航空燃油消耗。

太平洋是世界上最大、最深的海洋，如果飞机在广阔的海洋上遇到问题，机长很难找到降落的地方，如果机场没有及时做好应急准备，后果是不可想象的。为保障机组人员及乘客的安全，航空公司在规划航线时，往往会选择机场最多的路线，以方便在紧急情况下降落并补给物料及燃料。在太平洋中，可能有许多不可预测的危险因素。如果飞机通过太平洋时有紧急着陆的情况，那么如何选择被迫着陆的地点就成了一个非常严重的问题。

除了安全和距离问题外，高空气流也是航空公司在选择航线时需要考虑的一个重要因素。对流层顶部附近存在气流，对流层是地球大气层的最低层，也是天气发生的地方。对流层顶层和平流层下层之间的边界称为"对流层顶"。其高度波动在 4 ～ 12 英里，形成风速超过每小时 200 英里的"风洞"，这在冬季最为常见，那里的温差最大。每个半球有 4 条主要的急流，其中大部分是随着地球的旋转从西向东流动的。在空中旅行中，最重要的两条气流是北极圈和赤道圈附近的极地急流，这可以节省飞机几个小时的飞行时间，但进入这些气流会大大减慢飞机的飞行速度。

高空飞行的波音 767 民航客机

国际空间站上看到的太平洋

→ 飞机可以在空中随意飞行吗

"海阔凭鱼跃，天高任鸟飞。"事实上不管是鸟也好，飞机也好，都不能在天空中随心所欲地乱飞。

首先，各种飞机都具有不同的性能，适合这些飞机飞行的高度是不同的。例如，大型喷气客机在起飞之后，它必须迅速升高到 7000 米以上的高空，在这个高度上飞行既省油又飞得快，但最高不能超过 13 000 米。再往上飞，它的发动机能力就不够了。中小型飞机的活动范围在高度 7000 米以下。超音速客机的飞行高度在 13 000 ～ 18 000 米。

其次，飞机不论在天上如何飞，最终必须回到机场上，飞机的活动以机场为中心。在机场的上空飞机的密度最大，有起飞的，有降落的，还有从上空通过的。在这种空中交通如此繁忙的空间内，如果飞机各行其是任意飞的话，必然会发生拥挤碰撞事故，历史上也曾有过这样的事故记载。因此在机场上空划出特定的区域，在这个区域中飞行的飞机必须严格遵守规定，按照空中交通管制员指定的路线飞行。

最后，即使在远离机场的空域中，为了随时能掌握飞机的情况，除了给飞机驾驶员提供必要的气象、地形、导航等信息，以保障飞机安全飞行之外，飞机也必须在划定的航路上飞行。航路相当于地面上的公路，有一定的宽度限制。飞机在这样一条不宽的通道中飞行，必然要遵守一定的交通规则才行。为了保证军事航空对空域的需要，还要划出一定的空域作为禁区或军事管制区。这样一来，虽然天空很广阔，但留给民航飞机活动的空间就十分有限了。

波音 717 民航客机起飞瞬间

MD-80 民航客机正在飞行

伊尔 -96 民航客机准备着陆

→ 不同天气会对客机飞行造成什么影响

　　天气原因造成的复飞、备降、返航、延误等情况很多，几乎属于飞行中的不可控因素。在飞机飞行过程中受天气因素的影响很大，雷雨天气直接威胁飞机的飞行安全。

　　雷雨天气是一种伴有雷电的阵雨现象，产生在雷暴积雨云下，表现为大规模的云层运动。不仅产生雷电，还会伴随着大风和暴雨、冰雹、龙卷风等，雷雨天气出现时会严重威胁飞行安全。根据相关部门统计数据结果表明，在世界范围内，有超过35%的航空事故是受雷雨天气影响造成的。因此，提升对复杂天气的认识，掌握雷雨天气的发生规律及对航空飞行带来的影响，对于确保飞行安全、减少飞行事故方面具有非常重要的意义。

在雷雨天气中飞行的民航客机

　　气流影响

　　在雷雨天气中，分散在积雨云中的下层气流在到达地面后会转变成强度较大的阵风，同时还会改变暖空气之间的风向，增加了飞机起飞和着陆的危险性。若降水强度超出标准数值，会导致发动机吸入的水过多，从而对发动机产生影响，甚至还会出现点火不及时情况，导致发动机熄火。实际上，在雷雨天气飞机着陆过程中发动机熄火概率较大。

雷雨天气的出现与积雨云有关，积雨云内的气流具有垂直流动的特征。不同阶段的气流流动特征不同，气流在发展期上升趋势明显，成熟期上升流和下沉流现象并存，而在减弱期的气流主要以下沉流为主。飞机在高速不均衡的气流中运动，如果碰到下沉气流强度大的情况，则易破坏飞行升力平衡，造成飞机剧烈颠簸，增加机长操控难度，从而引发飞行事故。

在雷雨天气中飞行的波音 747 民航客机

积冰影响

积雨云的主要成分是过冷水滴，积冰通常是飞机飞行在大量积雨云中，由于云中过冷水滴或降水中的过冷雨滴碰到机体后冻结而形成的，积冰也可由水汽直接在机体表面凝华而成。飞机翼面、尾翼面、翼下和翼尖副油箱，螺旋桨等位置易积冰。当飞机表面积冰后，会使飞机阻力增加，飞机升力和螺旋桨运行效率降低，从而打破飞机平衡，容易引发安全事故。积冰会导致飞机仪表失灵、通信中断等。持续性降水天气，会减少积雨云中过冷水滴量，对飞机飞行影响会随降雨天气持续而减少。因地域和季节不同，积冰对飞机飞行影响程度也有很大差异。当然，随着航空技术的发展，飞机的飞行速度及飞行高度的提高，积冰对飞行的危害在一定程度上是减小了，但中、低速的飞机仍然在使用，而且高速飞机在低速的起飞和着陆阶段都可能产生积冰，这样依旧容易造成严重的危害。

冰雹影响

冰雹硬度较大，雷雨云中气流流速大于 20 米 / 秒，且气流流速不稳定时，雷雨云中易出现冰雹。飞机在 0℃ 等温线附近的冰雹云中时，遭冰雹袭击概率较大，体积较大的冰雹会损坏机身。

被冰雹砸中的飞机驾驶舱玻璃

→ 大雾天气是否会危及飞行安全

据统计，由于天气原因导致的航班延误一般占总延误次数的70%，而天气原因中又以大雾最为多见。在水汽充足、微风及大气层稳定的情况下，如果接近地面的空气冷却至某程度时，空气中的水汽便会凝结成细微的水滴悬浮于空中，使地面水平的能见度下降，这种天气现象称为雾。按能见度划分，雾可以分为5个等级：能见度1千米至10千米为轻雾，能见度500米至1千米为雾，能见度200米至500米为大雾，能见度50米至200米为浓雾，能见度50米以下为强浓雾。

飞机起飞的能见度要求在600米以上，飞机的降落要求比起飞要求还要更高一些。因此，为了乘客安全，飞机只有在天气适航的情况下才会起飞或降落。

东米德兰兹机场上停放的飞机

平流雾是危及航空安全的重要天气现象之一。平流雾具有这样的特点：一是日变化不明显，一天之中任何时候都可出现，甚至可能终日不消；二是来去突然、生成迅速，风向有利时可在几分钟内布满机场，对航空飞行安全威胁极大；三是范围大，水平范围可以从几百米到几千米。厚度也大，从地面向上可达几百米到上千米。

都柏林机场上停放的飞机

范围宽广、厚度大的平流雾，对航班飞行的影响不可估量，它严重妨碍航班的起飞和降落。当机场能见度低于 350 米时，航班就无法起飞，低于 500 米时航班就无法降落。如果能见度低于 50 米，航班连滑行都无法进行，此时如果处置不当极易造成飞行事故。国内外航空史上都曾发生过飞机在大雾中滑行相撞造成严重后果的事故。

斯利那加机场准备着陆的飞机

雷雨天如何保证飞行安全

雷雨天气是直接危及飞行安全的危险天气之一。在美国民用航空 1988—2008 年发生的飞行事故中，与雷雨有关的事故达到 25 起，占其总数的 1/3 以上。现代飞行，特别是云中和夜间飞行，全凭气象雷达判别前方云团的性质、有无危险、是否绕飞，从而给机长以直观的引导依据。气象雷达是通过探测雨水落下的水滴大小和数量和判定前方天气的，水滴越大、越密集，在雷达上的反射回波也就越强。使用气象雷达，一是要选择好气象雷达天线俯仰角，二是要用好气象雷达的"增益"旋钮。

在气象雷达显示屏上出现诸如"U 形""手指形""扇贝边形""钩

形"等特殊形状的云体时，即使这些区域位于强降水区域外的绿色区域，但里面大多仍藏有冰雹。在绕飞这种云体时，最好从上风边绕飞，以免遭冰雹袭击或遇到强对流。

在绕飞雷雨时，要合理留出开始和退出之间的间距，需要注意对绕飞距离的控制。在气象雷达正常工作时，根据气象雷达探测的资料，在确切判明雷雨的位置之后，方可在云中绕飞，但距离积雨云或浓积云不得少于 20 千米；在机舱增压或氧气设备正常和飞机升限允许的情况下，雷雨云顶上至少有 1500 米高的晴空区时，方可从雷雨上面绕飞；距离积雨云（浓积云）昼间不得少于 5 千米，夜间不得少于 10 千米，两个云体之间不得少于 20 千米时，方可从中间通过；只准昼间从云下目视绕飞雷雨，但飞机与云底的垂直距离不得少于 400 米；飞行真实高度在平原、丘陵地区不得低于 300 米，在山区不得低于 600 米；飞机距主降水区不得少于 10 千米。

如果机场有雷雨，机组在进近和着陆时应特别注意。在进近阶段遇有雷雨时，可将导航显示器的范围放在 40～80 海里，从宏观上看天气，选择回波较弱的路线进入。

雷雨天气飞行的民航客机

在着陆阶段受到雷雨影响，应结合着陆的特点采取适当措施避免雷雨带来的危害。飞行机组根据地面、其他飞机提供的信息，以及气象雷达探测的雷雨分布、强度等情况，制定具体

波音 737 民航客机在雷雨天气飞行

进近着陆方法与复飞措施。同时，飞行机组还应根据机型快速检查单性能图表，确定有足够的着陆距离。因机场雷雨、风切变或顺风天气造成的飞机复飞，建议机组不要继续进近、着陆，应等待或备降。

客机飞行时是直线飞行吗

两个城市之间直线距离是最短的，飞机飞直线最节约时间和油料，但是飞机在空中的飞行线路却不是直线，而是曲线。这其中有以下几个原因。

第一，地球是一个曲面，而地图却是一个平面，所以航线不会是直线的。早期飞行采用等角航线：以通过两行路点间等角线作为航线，只要挑定航线角，便可以一直保持该航线角飞到目的地，所以等角航线在地图上投影是一条直线。而随着技术的进步，开始采用大圆航线：以通过两航路点间的大圆圈线作为航线的叫作大圆航线，大圆航线上各点的直航线角不相等，在地图上的投影就是曲线。当然在近程飞行时采用等角航线飞行；远程飞行时采用大圆航线，每一航段按照等角航线来飞行。

高空飞行的 EMB-120 民航客机

福克 50 民航客机正面视角

第二，外界因素的限制，诸如天气、地理条件以及空域限制。所以在某些区域如，山峰、雷雨云、暴风雪，飞机需要绕行。而在某些区域，因军用领域的限制，使得飞行只能绕行。

第三，现在通信导航技术的限制，或者可以说导航台的限制。现在成熟的导航是 IR（惯性导航）和 VOR/DME（甚高频全向信标 / 测距机，又叫指向台）导航技术的叠加，在航行全过程 95% 以上的时间里，能保持定位精度在 2 海里以内。但这个过程中的 VOR 需要依靠导航台，且飞机只有在航向面向或背向 VOR 台时才能获得比较高的精度，而导航台一般建立在机场旁边，所以飞机的航线不会仅仅是两个地点间的连线。从本质上说，飞机航线就是从一个 VOR 台飞向另一个 VOR 台，在距离 VOR 台约 10 海里开始转向另一个 VOR 台继续飞行。

ATR72 民航客机起飞瞬间

图 -144 民航客机前侧方视角

→ 民航飞机能飞多高

民航飞机飞行的高度是指飞机在空中的位置和所选定的基准面之间的高度差值，由于所选的基准不同，因而也有不同的高度定义。国际民航组织规定当飞机进入航线后，一律使用标准气压高度（即飞机到标准气压平面之间的高度）。标准气压面是人为设定的，在这个平面上大气压力为 760 毫米汞柱，温度为 15℃。这个高度不随温度和湿度的变化而变化。

民航飞机通常是根据事先的飞行计划，以及航管的指示，逐步爬升到巡航高度。巡航高度可能因为航程的长短，以及机型设计的飞行高度不同，而有相当的差距。

中型以上的民航飞机都在高空飞行，此处的高空是指海拔 7000 ～ 12 000 米的空间。在这个空间以 1000 米为 1 个高度层，共分为 6 个高度层：7000 米、8000 千米、9000 千米、10 000 米、11 000 米和 12 000 米。高空飞行的飞机只允许飞以上给定的高空。

另外，民航飞机在飞行时，以正南、正北方向为零度界限，凡航向偏右（偏东）的飞机飞双数高层，即 8000 米、10 000 米、12 000 米高度层；凡航向偏左（偏西）的飞机飞单数高度层，即 7000 米、9000 米、11 000 千米高度层。

民航飞机通常在对流层顶飞，不进入平流层。短程航线的飞机一般在 6000 ～ 9600 米高空飞行，而长程洲际航线的飞机一般在 8000 ～ 12 600 米高空飞行。现在普通民航客机的最高飞行高度不会超过 12 600 米，但有一些公务机的飞行高度可以达到 15 000 米。

波音 787 民航客机在高空飞行

飞行中的波音 737 民航客机

SSJ-100 民航客机正在起飞

→ 同一条航线的飞机的往返时间为何会不一样

经常乘坐飞机的乘客会发现这样一个问题，同一条航线的飞机，其来回飞行时间却不一样，有时甚至相差很多。飞机在万米高空之上，风是影响航空器速度和方向的主要因素。不同强度的顺风、逆风、侧风会使同一条航线的往返时间有所区别。实际上，哪怕是其他条件完全相同的同一航线，在同一天里的飞行时间也不一定相同。

地球存在着大气环流，不同区域高空风向是不一样的。飞机在大气层中飞行，大气由于冷热不均等原因产生流动，自然会对飞行在其中的飞机产生影响。飞机在大气环境中要保持一个相对空气的速度飞行，即"空速"。而同时空气也是在运动的，这意味着在顺风中飞行时，飞机的实际速度就是空速加风速，逆风时恰好相反。相同距离的飞行，顺风和逆风所需的时间相差很多。我国处在中纬度地区，风向一般是自西向东，风速冬春大、夏秋小。例如，从我国西南部的成都往返东部的上海，飞行时间就会有差异，在冬季时间差就更为明显。

此外，航路也是影响飞行时间的重要因素。一般来说，为了飞行安全，飞机之间除了有高度差、时间差外，在水平方向上也要拉开差距。不同的航线可能在航路上有差异。此外，如果飞机在空中飞行时遇到雷雨、浓积云等特殊天气情况，就要绕道飞行以避开可能出现的危险，这也可能导致同一条航线往返时间的不同。

测量风速的风速计

飞机驾驶舱的空速指示器

→ 如何测飞机的飞行速度

飞机在测量速度时选用的参考系有两种，一种是依据飞行时的气流气压计算的"空速"；另一种就是相对于地面计算得出的"地速"。

空速

机翼的升力来自于流过的机翼上下表面气流的速度差，因此空速决定了升力的大小。测量空速的系统由三部分组成。第一部分叫全压管，它是一根向飞行前方伸出的管子，被装在机头或翼尖上。当空气迎面吹过来流入管中，在管子的后部就可以感受到流入空气的全部压力。这个压力由空气流入管内的动压和空气静止时内部的静压组成。第二部分是静压孔，静压孔是开在机身侧方不受气流干扰的一些小孔。空气从这里缓慢流入孔内，这里的空气压力是静压。第三部分是压力表，表的一端与全压管相连，另一端与静压孔相连。压力表测得的数字是全压与静压之差，也就是动压。根据动压与空速的相关关系，就能将空速换算出来。

地速

地速（GS）就是飞机相对于地面的速度，无风时就等于真空速。但是由于风的作用，地速并不完全等于空速，而是真空速加上风速。飞行中的地速可以由机载多普勒导航雷达直接测量出来，或者用其他导航设备间接地解算出来。一般飞机上有导航参数显示仪表，主要是把导航有关的信息统一在一个显示器上显示出来，它们包括附近各种导航台位置及名称、地标位置和标高、机场、风速、风向、地速、真航向、磁航向以及距离标尺等信息。

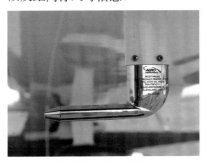
用于测量空速的全压管

飞机上使用的空速指示器

与航天飞机和洲际导弹一样，许多飞机上也都装有惯性导航系统。惯性导航系统通过保持对自旋陀螺仪上产生的负载的精确跟踪，在减去重力影响因子后，在一个绝对基准上测量出飞机飞行时的加速度。在飞机起飞时对惯性导航系统进行精确的设定，因此它不仅能够指示飞行速度，同时还能准确地指示出飞机相对于起飞地点的精确位置。

两架飞机在空中飞行时会相撞吗

20 世纪 50 年代初，人们一直相信两架飞机相撞在统计上是不可能发生的。但是在 1956 年，联合航空 718 号班机和环球航空 2 号班机在大峡谷上空相撞，此次事故造成了两架客机的 128 名乘客全部遇难。此次事故也让飞机工程师们开始研发一种机载防撞系统。到 20 世纪 60 年代初，防撞系统原型已经问世，但在繁忙的候机楼区域进行测试时，这种系统会发出无数不必要的警报。

1978 年 9 月 25 日，太平洋西南航空公司 182 号航班在圣地亚哥机场附近与一架四座塞斯纳 172 飞机相撞，这次事故造成了 144 人遇难。事故发生后，美国联邦航空局启动了空中防撞系统（TCAS）的研发。

空中防撞系统

1986 年，一架 DC-9 型飞机在加利福尼亚州切里托斯上空与一架四座飞机相撞，事故造成 82 人死亡，其中包含地面的 15 人。不久之后，联邦航空局要求在美国领空飞行的飞机必须配备 TCAS。其他国家也紧随其后颁布了相关规定。

在繁忙空域飞行的飞机必须安装应答机。当空中交通管制雷达"击中"一架飞机时，雷达会发出电子疑问。应答器以四位数字的代码和飞机的高度回应。这些信息会出现在控制器的雷达显示器上。TCAS 以类似的方式查询飞机应答器。

一架飞机的空中交通管制系统不断询问附近其他飞机的应答器。TCAS 利用这些回答信号确定其他飞机的方位、距离和高度。然后 TCAS 监视和保护飞机周围的区域。如果系统看到"入侵者"进入保护区，它就会通知机组人员。TCAS 给予机长足够的通知时间，以便让他们能够顺利安全地避开"入侵者"。

在驾驶舱的显示中，TCAS 会显示四种类型的飞机：其他飞机、比较接近的飞机、入侵飞机和危险的飞机，不同类型的飞机在显示器上都以不同颜色来区分。此外，它还会提供两种类型的警报：交通咨询（TA）和决断咨询（RA）。

当入侵机在 20 ～ 48 秒后将侵入飞机保护区时，TA 会被触发。实际时间随飞机的速度、高度和机动而变化。触发交通咨询的入侵机在显示器上显示为一个黄色的点，同时显示高度和爬升或下降信息。机长也会收到声音警告。

当 TCAS 确定入侵者飞机在 15 ～ 35 秒之外时，它将使用两架飞机的高度、方位和速度进行计算并分布 RA。TCAS 会建议机长爬升、下降或保持高度。当机长听到 RA 时，会毫不犹豫地关掉自动驾驶，并根据指示平稳地爬升或下降。在 TCAS 机动过程中，机组人员要忽略来自空中交通管制员的所有指令。

TCAS 提供了足够的提前通知，无须突然执行 RA 机动。当操作得当时，乘客不会意识到有事情发生。一旦入侵机不再构成威胁，TCAS 会宣布冲突解除。所有指示信息将消失，向机组人员表示他们可以安全地返回正常飞行。

高空飞行的 DC-9 民航客机

→ 公务机的巡航高度为何那么高

公务机虽然也属于客机的一种，但是公务机在定位上相比普通的民航客机还是有很大区别的，比如公务机的飞行速度更快、飞行高度更高等。

对于任何快速移动的物体而言，抛开自身重量束缚外，最大的限制因素就是空气的阻力了，特别是随着移动速度的提升，空气阻力将成为提升速度最大的障碍。从外在因素来说，飞行在空气稀薄的高空是最佳选择，毕竟高度越高，空气越稀薄，公务机所面临的空气阻力也就越小，那么飞行速度不光提升了很多，而且飞行阻力小了以后，发动机推力也可以适当降低，这样公务机的航程也能提升到更远的距离。

从内在因素来说，公务机采用的尾吊式气动布局使气动重心和飞机质心更为靠近，而且发动机尾吊设置，也能为客舱营造一个更为安静的乘坐空间。特别是随着飞行速度的提升，整机气动效率更高，飞行升阻比的提升下，也意味着公务机的飞行阻力更低，公务机爬升速度更快，能以更小的燃料消耗迅速爬升至巡航高度以节省燃料，增加飞行航程。

豪客 800 公务机前侧方视角

随着飞行高度的增加，因客舱内的气压降低，使乘客呼吸困难，进而降低了乘坐舒适感。但是为了

豪客 4000 公务机的客舱

满足高度增加后更高等级的客舱增压，因此对客机机身结构也进一步提出了强度的要求，大型客机很难做到更高强度的客舱结构和质量更轻的机身重量双平衡。而对于机身尺寸小很多的公务机而言，机身直径变小以后，不光意味着整机气动阻力的降低，而且对于有限的机身尺寸，在保证有限机身结构强度的前提下，客舱内部可以增压更高以使得公务机飞行高度更高，继而带来更快的飞行速度和更远的飞行距离。

公务机能否超音速飞行

20 世纪 60 年代末，英国和法国联合研制的著名的"协和"民航机，就是一种超音速民航机，配装罗尔斯·罗伊斯和斯莱克玛公司研制的593 型发动机，巡航速度达到 2120 千米/时，最大飞行速度为 M 数 2.04。"协和"与苏联的图 -144 是世界上仅有的两种投入实际商业运营的超音速民航机，而且"协和"民航机投入商业飞行长达 27 年之久（2003 年才退役），图 -144 则相对较短，20 世纪 70 年代末就退出商业运营。这一事实反映出两方面的问题，一是民航机实现超音速飞行在技术上完全可行，不存在难以逾越的技术障碍；二是超音速民航机还没有成为民航机的主流，以"协和"民航机为例，总共只生产了 20 架，也只有法航和英航装备了"协和"民航机。在"协和"民航机退役后，民航机队到目前为止再未装备超音速民航机。显然，超音速民航机面临的困境不是技术方面的，而是运营方面的。这种现实情况同样适用于公务机。

首先，超音速公务机会面临与"协和"民航机同样的成本问题。"协和"民航机每小时飞行成本是亚音速单通道远程民航机的 2.07 倍、亚音速双通道远程民航机的 1.09 倍。在英国伦敦和美国纽约之间往返飞行时，票价是当时普通民航机的 30 倍，乘客主要是富商，当时即使是在商贾云集的多个商业中心城市，"协和"民航机也存在客源稀缺的困境，被迫关闭多条航线。虽然公务机的目标乘客也是富商，但如果超音速公务机与亚音速公务机相比，在单位时间成本上并不占有显著优势的话，即使是富商也会出于经济性考虑而作出合理的选择。所以，超音速公务机也会面临很大的运营成本压力。不过，今后随着适用于民航机的新型超音速涡轮风扇发动机研制成功，其运营成本压力将会大大缓解。

其次，超音速飞行产生的音爆噪声是超音速公务机面临的主要运营障碍。音爆噪声是超音速飞行伴生的物理现象，飞越城市人口密集区时，噪声会使人产生不适感。这也是当时一些国家限制"协和"民航机飞行的主要原因，其迫使"协和"民航机将巡航速度从 M 数 2 降至 M 数 0.95，

这就使超音速飞行的优势不复存在。显然，超音速公务机也同样存在这种情况，它们一般在跨洋飞行时采用超音速，而陆上飞行时采用亚音速，总体上保持对亚音速飞行的时间优势。如果在降噪上取得实质性的技术突破，超音速公务机的时间优势就会得到充分体现。

飞行中的湾流 G280 公务机

飞行中的"协和"民航客机

比亚乔 P180 公务机上方视角

空中也有交通规则吗

和地面交通一样，天上也需要有一套交通规则，用以规范驾驶员的驾机行为。同时还设有空中交通管制员执行管理任务，从而创造一个安全、有序、高效率的空中交通环境。

波音 757 民航客机正在起飞

　　空中的交通规则叫飞行规则，是借鉴地面交通规则的经验制定的。它的核心目的是要保障机上人员和飞经区域的地面群众的人身和财产安全。飞行规则分为通用飞行规则、目视飞行规则和仪表飞行规则三个部分，通用飞行规则是各类飞机共同遵守的基本规则。空中交通管制员靠飞机报告的所在位置和控制飞行的时间间隔来指挥飞机。因此在通用飞行规则中，要求在航线上飞行的飞机事先要提供飞行计划，计划被批准后，飞机才能被放飞。在飞行时要得到管制员的许可，而且在规定的报告点向管制员报告飞经的时间、飞行高度等。由于对时间的控制是空中交通管制的基础，所以空中交通体系包括飞机和管制塔台都统一使用协调世界时（又称世界标准时间），以保证空中交通管理的精确度。

　　针对目视导航和仪表导航的飞机，分别制定了目视飞行规则和仪表飞行规则。目视飞行时，驾驶员主要依靠视觉来判断和发现其他飞行物或地面障碍。目视飞行规则的基础就是飞机能"看见"和"被看见"。也就是飞机之间、飞机和地面管制员之间能相互看见，用以保证飞行安全。目视飞行规则对能见度和天气情况作出了严格的规定，规定了目视飞行气象条件标准。如果天气状况达不到这些标准，飞机就不能被放飞。小型低高度的飞机大多采用目视飞行；大型飞机在气象条件允许时，尤其是在机场上空，空中交通繁忙区域，因为目视飞行灵活，有时也采用目视飞行。在空中管制工作中，目视飞行只占其工作量的一小部分。

飞机机长采用目视飞行规则

飞机机长采用仪表飞行规则

　　仪表飞行规则是专门为使用无线电仪表导航的飞机制定的。它规定了靠仪表飞行时的气象条件。在仪表飞行时机长仅靠仪表观测和管制员的指示飞行即可，不需要看到其他飞机和地面情况，因此仪表飞行的气象条件范围要宽于目视飞行。仪表飞行大大降低了天气对飞行可能造成的影响。仪表飞行规则要求飞机上必须配齐规定的飞行仪表和无线电通

信设备；相应地，机长也必须具备熟练使用这些仪表和设备的能力。机长只有在取得仪表飞行的驾驶执照后才能进行仪表飞行。

→ 什么是飞机的"黑色13分钟"

在当下这个交通便利的时代，乘坐飞机出行已成为大多数人优先选择的出行方式之一。一次飞行可以划分为起飞、初始爬升、爬升、巡航、下降高度、开始进场、最后进场、着陆8个阶段。发生事故的概率也不同。整体而言，虽然起飞和降落占总飞行时间的6%，但发生事故概率却高达68.3%。因为在这个时间段里突发事件的可能性很高，此时机长很难在短时间内控制住飞机，一旦航向、高度有过大的偏差，就可能与地面障碍物相撞或着陆失败，从而造成空难事故。

飞机事故模拟实验

　　飞机起降期间有所谓的"黑色 13 分钟"，也就是起飞时 6 分钟和降落时 7 分钟，这段时间是航程中较容易发生意外的时候，因此也是机组人员最需要集中精神、执行任务的时候；这其中又以机长责任最大，正、副机长得同时操作飞机，还要注意仪表数据、接收塔台及助导航设备指引信息等，一刻都不能马虎。飞机上的仪表设备要同时接收地面航向台、下滑台、信标台等的引导信号，机长除要始终与指挥塔台保持无线电联络，听从塔台的指挥，保持规定的飞行数据，在下滑进近阶段，飞机的安全完全由机上仪表的指示准确程度所决定。

　　起飞和降落阶段是飞机最不稳定的时候，飞机的状态在短时间内剧烈变化，一旦出现其他干扰，机长很难在短时间内控制住飞机，航向、高度稍有偏差，就可能飞出进近安全保护区，与地面障碍物相撞或着陆失败，造成空难事故。世界上超过一半的空难发生在"黑色 13 分钟"之内。因此在飞行最危险的"黑色 13 分钟"里，乘客们一定要积极配合机组人员做好安全工作。

英国航空公司坠毁的飞机

波音 707 民航客机前侧方视角

为何飞机起飞时会有失重感

　　在飞机起飞爬升的过程中，乘客会感受到几次短暂的失重，感觉飞机要"掉下去"一样。

　　其实，飞机并不是起飞之后保持固定的角度和姿态，然后一口气爬升到 3 万英尺巡航高度的，而

波音 737 民航客机客舱

是一个阶梯上升的过程。在飞机起飞的最初阶段，从安全的角度考虑（如飞机之间的纵向间隔要求，低空中会有飞鸟并且气流相对不稳定等），会要求离港飞机保持较大的上升速率，尽快地爬升到一定的高度。飞机上升到减推力高度后会收起襟翼，同时发动机的功率会有所减小，发动机推力状态由起飞推力变为爬升推力，此时就会伴有失重感。

　　然后，飞机继续爬升。爬升到增速高度后，飞机会进入一个水平加速的过程，这时会减小爬升的角度，导致上升的速度减慢，并伴有失重感。失重感的产生都是上升的速度减慢而产生的。在起飞爬升过程中遇到这样的失重情况，不用担心，这是正常的现象，只是飞机的飞行状态发生了变化而已。

　　要减轻失重的感觉，一个最好的办法就是把自己的双脚贴在地板上面，然后伸直；如果发现失重的感觉还没有减轻的话，这时候可以挺直自己的腰背，并且靠在座椅上面，记住个人的身体一定要呈现挺直的姿态；要对抗失重的感觉，只要把自己的神经相对紧绷起来就可以了，那时候就可以大大地减轻飞机起飞时的失重感；然后等待飞机到达上空平稳以后，失重感就会消失。

波音 737 民航客机正在起飞

波音 757 民航客机正在起飞

→ 如何避免沙尘进入直升飞机发动机

众所周知，直升机的特点是机动性强，大多数情况下所使用的起降场地都是简易场地，包括临时性的土地、沙地或草地，极少依赖于质量好的起降场地和水泥跑道。但直升机在低空飞行或悬停时，受气流作用，地面会扬起大量沙尘，空气中增加的沙尘含量会对直升机的工作造成影响。

沙尘由大小不等的细固体颗粒组成，具有不同程度的硬度和化学活性。强风携带的沙尘会磨损机器的活动部件或固定表面。有棱角的颗粒会穿透缝隙、裂纹、轴承、密封处和各种电器连接处，造成设备损坏。沙尘在有湿气的时候，会引发酸碱反应，从而损害材料。

为了避免沙尘进入直升飞机发动机中引发故障，所以直升机一般都会装配直升机发动机粒子分离装置。直升机发动机粒子分离装置可分为三类：涡旋管分离器、整体式粒子分离器、进气阻拦式过滤器。

涡旋管分离器和整体式粒子分离器都是利用惯性原理将粒子分离，涡旋管分离器是位于发动机进气口周围的一个独立的装置，而整体式粒子分离器是发动机整体的一部分。

进气阻拦式过滤器的作用是拦截粒子和阻挡污物，大多由泡沫塑料、各种纤维编织物作为过滤介质，用金属骨架支撑，它对沙尘的捕获比较有效，而且能降低发动机的噪声。但是它容易受到雨雪天气的影响，且容易被沙尘、污物或冰雪堵塞。过滤器会随着捕获物的加载不断地增加气流进入发动机的阻力，因此为了保持过滤器的清洁，需要进行频繁的人工维修。

贝尔 -427 直升机正在降落

波音 234 直升机侧方特写

飞行中的 R-44 轻型直升机

第7章

参 考 文 献

[1] 高宏、崔祥建. 现代民航基础知识 [M]. 北京：清华大学出版社，2021.

[2] 程明. 民航系统安全概论 [M]. 北京：清华大学出版社，2020.

[3] 深度军事. 现代飞机鉴赏指南 [M]. 北京：清华大学出版社，2014.

[4] 廖学锋. 时间机器：世界公务机选购策略 [M]. 北京：中航出版传媒有限责任公司，2014.